自然法名著译丛

Fundamental Tendencies in Modern Jurisprudence

现代法学之根本趋势

〔德〕施塔姆勒 著

姚远 译

商务印书馆
The Commercial Press
创于1897

2016年·北京

FUNDAMENTAL TENDENCIES IN MODERN JURISPRUDENCE
RUDOLF STAMMLER

Michigan Law Review, Vol. 21 , 1923 , pp. 623-654 , 765-785 , 862-903.

根据《密歇根法律评论》1923 年版译出

《自然法名著译丛》总序

　　一部西方法学史就是一部自然法史。虽然随着 19 世纪历史主义、实证主义、浪漫主义等现代学说的兴起，自然法经历了持续的衰退过程。但在每一次发生社会动荡或历史巨变的时候，总会伴随着"自然法的复兴"运动。自然法所构想的不仅是人自身活动的基本原则，同时也是国家活动的基本原则，它既影响着西方人的日常道德行为和政治活动，也影响着他们对于整个世界秩序的构想。这些东西经历千多年之久的思考、辩驳和传承而积淀成为西方社会潜在的合法性意识。因此，在自然法名下我们将看到一个囊括整个人类实践活动领域的宏大图景。

　　经历法律虚无主义的中国人已从多个角度试图去理解法律。然而，法的道德根基，亦即一种对于法律的非技术性

的、实践性的思考却尚未引起人们充分的关注。本译丛的
主要目的是为汉语学界提供最基本的自然法文献,并在此
基础上还原一个更为完整的自然法形象,从而促使汉语学
界"重新认识自然法"。希望通过理解这些构成西方法学之
地基的东西并将其作为反思和辩驳的对象,进而为建构我
们自身良好的生存秩序提供前提性的准备。谨为序。

吴彦

2012 年夏

目　　录

第一章　启蒙时代的德意志法学家

罗马法之继受,向法学提出了若干新问题。

15 世纪末,整个欧洲大陆完成了罗马法、教会法以及伦巴第封建法的继受过程。

事实上,在罗马法从南面和西面进入德意志的同时,罗马法也从东面由君士坦丁堡向北流传;但对我们的问题而言,该事实倒不是特别重要。关键在于,各地都出现了尽量熟悉这种外来法的需要。

德皇作为中世纪最强大的君主,此时业已成为罗马皇帝。世人通常视其为旧日罗马帝胄的继承者。因此,原本是罗马皇帝之法的罗马法,如今作为德意志帝国的共同法而得到承认和适用。不过,在市民和农民的琐碎事务上,人们仍然恪守德意志古代的旧法。他们墨守成规,随之产生冲突,而罗马法未必总是最后占据上风。在夫妻财产法领域,在土地、森林和畜牧法领域,在城镇手工业领域,人们致力于维系和发展本土法。此番努力但凡取得成效之处,本地法便优先于德意志帝国的共同法。

读者须留心上述重要事实,这样才能领会我们即将探讨的根本趋势。实务法学所面对的难题,是在当时的情境下根据既往时代的法律来裁决纠纷,并在当时的观点与旧有法规的内容之间寻求调和。然而,在一定程度上,任何法律体系都不免碰到这个难题。任何法律都不仅仅是过往的产物或当今的产物。因此,人们便追问是否存在一种普遍有效的方法,以便毫不含糊地决定和化解上述难题。我们这里联系启蒙时代的实务法学所考虑的事情,对我们今天以及一切时代都有重要意义。

下文一以贯之的阐述目标,是考察可被称为"根本正义"(fundamentally just)的东西。因此,凸显据以应对具体问题的方法一致性,便十分重要。个人的一切意思表示和一切行为,都取决于他的精神态度。同样,我们在探讨任何时代、任何民族的法律时,亦须着眼于精神态度,因其构成实务中具体法律之考量和处理的前提。

就此处提出的问题而论,当时的精神态度尤其在司法案件的处理方面表现出两种动向:(1)尽管表面上得到公认权威意见的支持,案件的判决却造就了新的法律制度;(2)各法院对旧法的规定作出解释,使其意思契合于当时的法律创制。

(1)当前法律有一条极其寻常的规定,即司法机关对失踪者的死亡宣告,该规定大约可见于所有文明民族。罗马法上不曾对此作出规定。当德意志继受罗马法之后,失踪者的问题时而造成尴尬局面。有人不见了,谁也不知道他去了哪里,也不知道他是否尚在人世,但他留下了财产。该如何处置这笔财产?一所撒克逊法院偶然求助于《圣经》。该法院诉诸《旧约》里的一段话:"我们一生的年日是七十岁"(《旧约·诗篇》90:10)。假设失踪者年满70岁且尚在人世,则分三次传唤他,若最终仍未到案,法院就宣告他死亡。这种做法被广为采纳。不久,德意志境内的法院便纷纷作出这种认定,而当今的立法也采用了这种习以为常的法律程序,只是不时地在细枝末节上弄点新花样。

情势变更对现存契约的影响问题,在现代商业生活中举足轻重。对受到战争余波以及随之而来的乱局所摧残的那些国家,这一问题尤为紧迫。一方当事人如今若想履行曾在正常时期和普通条件下订立的契约,不得不面对重重

困境、罹受惨重损失。那么他是否有权解除契约呢？正是
这一问题在二百多年前以相似面貌浮现出来。它当时被称
为"情势不变条款"(*clausula rebus sic stantibus*)学说。不少法
学家据此倾向于承认，一旦附随情势出现实质性变化，则可以
行使契约解除权。他们所依据的是一位古罗马法学家的精辟
论断："必须认为，只有当事情依然处于创设规定之时的同样
状况，某人才负有法律责任"(《学说汇纂》45.1.38. pr.)。莱
泽(Leyser, 1683—1752)在自己的著作《学说汇纂沉思录》
(*Meditationes ad Pandectas*)里，尤为推崇此种见解。当时其
他法学家则不遗余力地坚持契约义务的拘束力。该问题显
然应一分为二地看待。一方面，契约仅仅是达成有限目标
的有限手段；另一方面，让每个人都能信赖其他人的话，这
也是必要的事情。在商业生活中，假如契约没有拘束力，任
何计算都成为泡影，合法贸易也受到阻碍。"无义务的"这
一致命词汇，在人心险恶之时将修饰每一桩要约，它意味着
常规商业交往的结束。

在19世纪呈现了一段相对风平浪静的时期。大家逐渐
忘记了，早些时候的人们曾希望在理解契约时须默示"附随
情势一仍其旧"这个限制性条款。民法著述没再谈及此事。
比较新的法典要么没有在一般意义上对该问题作出规定，
例如1804年《法国民法典》；要么断然否认根据情势变更的

一般解除权,例如 1865 年《撒克逊民法典》第 936 条。《德国民法典》(1900 年)和《瑞士民法典》(1912 年)这两部最近的法典,都采取了相似观点,它们主张只限于在某些事先明确规定的情势变更情况下才能行使解除权,例如,雇佣契约得因某一重大事由而解除,或者借款契约得因贷款人财产状况恶化而解除。

(2)就前述第二种可能性而言,我们不妨以请求权之移转为例加以说明。罗马法最初规定,债权人不得让渡请求权。债权人可将请求权之利益让与第三人,尽管该第三人并不享有请求权本身,但其因此确有权享受该利益。这就催生了令人迷茫的情况。罗马法继受之后,德意志的法学家认为这不过表现出罗马式的精微之处,认为受让人依法成了真正的债权人,而原来的债权人通过这种让与,其实放弃了自己的请求权。在实务中,这种结论极其可取。然而有趣的是,由于出现了这种对罗马法含义的更为妥当的理解,上述有关请求权让与的复杂理论反倒风靡 19 世纪。这种观点数十年来在理论上和实务中都保有其支配地位,直到现代潘德克顿(pandect)法学兴起,后来,上面提到的《德国民法典》和《瑞士民法典》再次引入请求权之完全让与这种直截了当的解决方案。

有的学说结合了(1)和(2)中所提到的观点,例如,代理理论。在代理问题上,罗马法最初也是规定每个人只能代表自己去订立义务。直接代理是个例外,但在取得财产、参与继承以及学者们争论不休的其他一些情形下,还是存在着直接代理的观念。奴隶的业务往来是个难题。奴隶是其主人取得财产的必要工具,但他并不能使其主人受约束。再者,由于奴隶当然没有出庭应诉的资格,他自己订立的契约仅能对其施加不完全的约束。然而,倘若主人曾就奴隶所参与的交易有过专门委托,则主人作为奴隶的道德义务的保证人,就须承担责任,而且这种责任是可诉的。这也适用于如下情形,即主人曾交给奴隶一笔特有产,或者主人曾任命奴隶出任船长,抑或主人曾任命奴隶管领房屋或财产。启蒙时代的德意志法学家们从这些明明白白涉及的法律规则中,发展出当今屡见不鲜的直接代理制度。

如前所述,莱泽是这一趋势的领军人物,他曾于如今已不复存在的赫姆斯塔德(Helmstedt)大学和威腾堡(Wittenberg)大学出任教授。在他的前辈中,我们要特别提到席尔特(Schilter,1632—1705)和斯特里克(Stryk,1640—1701),前者在一部精湛的论著中叙述了德意志法院如何适用罗马法,后者也在一部题为《学说汇纂之现代运用》(*Usus Modernus Pandectarum*)的作品中探讨了这个问题。众所周知,后人即以该标题来描述这整个趋势的特征。

那么,这从科学的立场来看意味着什么呢?上述各种现象共同承载的本质观念是什么?

一遇到某种情势变更即根据"情势不变条款"解除既成契约,这种做法当然荒唐,理应援引契约里的某个条款。这样的条款当然可能在个案中存在。倘若果真如此,便不再有什么真正的难题了。但假如所争议之契约未就附随情势之可能变更作出任何规定,当然也不允许事后将此种规定解读到该契约里。我们这里要处理的问题是明确设定的契约效果的变更,而不是如何解释含混不清的意思表示。假如没有相关的法律依据,司法活动凭借什么权利加以干涉?债务人在什么范围内得因情势变更而拒绝履行?

我们先来谈谈后面这个问题。现代的最高法院判决认为,若债务人继续履约将招致"重大经济损失",则债务人便有正当理由拒绝履约。但这种见解站不住脚。债务人可能有充足的资产来履行所争议之契约且尚有余裕。契约的性质岂可因其余财富的多寡而受其左右。无论债务人在履约后是否还有余裕,我们都须对契约及其法律状况平等视之。再者,若笼统地宣称情势变更即引发解除权,也是不到位的。有人这样来谈论一贯作为解除权之基础的事实:由于情势变更,"交易的本质遭到破坏、适得其反",或者"履行契约的经济意义已经完全改变"。当然,这没给我们提供任何明确的准绳。人们往往附上一条限定，即理应"根据特定案件的情形"作出决定，但这也是"五十步笑百步"的办法，反倒表明指导原则的缺失。

可假如我们寻求一般指导原则来解决无法三言两语说清的具体法律问题，则其唯有根据下述考虑来推演这个一般指导原则。遭遇情势变更的债务人主张，令其受到现成契约之拘束实属不正义。其实，即便双方当事人出于明确目的且以适当形式订立和确认该契约，也不是每份契约都有法律拘束力。契约自由是存在限制的。一般的限制是要求特殊的法律行为不得违背"善良风俗"；套用学理表达，即其内容不得显失公正。旧日罗马法上的这条原则，得到所有文明民族的认可，理应适用于这里所讨论的问题。这源自如下事实，即由于情势变更，双方当事人之间后来也可能出现利益分配不公的法律状况。假如能够证明某一契约属于这种情况，则不应再承认其法律效力，仿佛该契约自始便如此订立一般。

当然，我们讨论这种求得满意解决方案的可能办法，以准确界定所谓的"善良风俗"概念为前提。须弄清，什么样的一致特征构成了关于法律之根本正义性的理念。致力于"学说汇纂之现代运用"的实务法学家流派，绝不可能进行这样一种批判性的省思。① 这派所特有的一种观念，众多实务法学家至今亦步亦趋，即甚至用不着深刻反思也能解决上述难题。因此，这一现代法学流派所代表的趋势，好比得到更缜密考察的种种恢宏潮流表面的小小涟漪。尽管如此，这一派的步骤方法倒是大大推动了它那种类型的科学探讨。

前述"情势不变条款"的例子表明，即便所关注的法律未曾更改，也可能出现法律秩序的激变甚至革命。我们能够根据先前既存的法律来理解这些变化，所举的例子已经证明这一点。只不过有必要以真正科学的准确性来把握先前既存的法律。但我们站在断案法官的立场上，可以更加细致地观察到社会生活实质内容中的这些变化。谁要是考察某国特定时期的判决，不久便会认识到，法院在这段时期行将结束时所面对的问题，同在这段时期伊始所处理的问题大相径庭。现行的法律秩序虽未变动，但通过其实施，从其范围内发展出法律主体间法律关系的一些典型现象，随

① 书中随处可见的"批判"（形容词"critical"，副词"critically"），指的不是意识形态上的批评、异议或反对，而是指经由康德主义批判哲学方法论进行的知识前提澄清。施塔姆勒将自己的学说称为"批判的法理论"（Critical Theory of Law），在术语表达上类似于当代英语世界以昂格尔为首的"批判法学"（"Critical Legal Theory"或"Critical Legal Studies"），但究其实质立场，反倒靠近同属新康德主义法学阵营的凯尔森"纯粹法理论"（Pure Theory of Law），特此说明。——译者

着时光流逝,这些典型现象表现出持续的异变。

我们不妨举出现代法律实务中的某些有趣事例。

一切现代法律体系都承认罗马法关于公司与合伙的划分。前者是人与人的结合,对外表现为一个实体,不以成员变动为转移。在合伙的情况下,各成员只表现为一个群体——即便遇到该合伙与第三人之间的问题——这时显示出各合伙人之间的个人关系。不过,多国立法都以特殊方式处理这种二元划分。依《德国民法典》之规定,公司只要符合一些明确的要求就具有法人资格。公司组织者须设法从国家取得法人的经营特许,方能投身于商业往来;就其他目的而言,只需要去法院登记注册,取得法人资格。纵使并不符合这些要求,组织者和成员之间仍可能组成上述意义上的法人(corporation),而非单纯的合伙。但那种情况下不存在法律上的人(juristic person);该公司没有法定资格,不能持有财产,也不能向法院提起诉讼。《德国民法典》的编纂者们当初认为,这类没有法定资格的公司不会有多大的实际意义。三十年河东,三十年河西,如今卡特尔、垄断联营体、辛迪加、托拉斯其实多半是具有法人性质的公司,但整个机体并不具备法律上的人格。联营协议通常由不具备法定资格的"组织"订立。当今商业生活的许多重要情况亦如此。现代法典往往详加规定的动产用益权,例如就德国而言,在一些特殊领域极少得以适用,但按目前的情况来看,在继承法上却日益重要,大有排挤遗嘱继承的势头。配偶的合意常常构成在世者的累赘,因此人们在实务中逐渐废弃配偶合意,转而采取分别的意思表示。商法的专业研究人士宣称,以得到认可之形式进行的给佣交易(commission transaction),同其他商业机制相比正日渐式微。

就这里所讨论的实务法学家流派的活动而言,问题主要在于调整所继受的法律。这有可能沿着习惯法的路子展开。为此,特殊的法律秩序有必要在总体上承认这样一种造法方法。而这又要求对某一法律惯例予以长期的一致认可。前面提到的失踪者死亡宣告、请求权无限制让与以及直接代理等例子,都属于这种情况。不过,我们如何来看待那第一种情况,即某个法院率先确立一条法律规定并首次予以实施?

有人主张,凡为因袭下来的法律赋予新的解释,自然无可厚非。如前所述,面对任何已经生效很长时间的法典,人们都容易这么做。法国最高法院院长巴洛-博普雷(Ballot-Beaupré)曾以有趣的方式阐明了这一点。他在《法国民法典》一百周年纪念的时候,谈到这部度过悠悠百年的法典与现时代的关系。他表达了一种信念:如今理应按照好像立法者正在立法那样来解释那部法典的含义,这符合法典制定者的意图。我们必须对此观点细加探究。

法律一经颁布，当然就独立于其制定者而存在。在判定有争议之法律的实际意义时，法律制定者无关紧要，他们一手制定的法律表现为独立存在的实体。不过法律目的问题倒是一直存在。要在现实世界落实法律的目的，就得有特定的人来认可这个目的。故而早先的法律在今日须由法律制定机关采纳，并获得其实际的认可。但这个认可过程果真涉及对因袭之法进行的未经公开承认的改动，以至于法官在判案时要受制于他对当时立法者观点的揣测吗？这可是不易作答的。我们现代的宪法中，就现行法的修改规定了若干先决条件。假如不符合这些先决条件，便谈不上法律之内的变更问题。否则，这种修改将成为现代法哲学所谓的"原始"修改，但那肯定不是前述法国法院院长所表达的意思。

综上所述，批判地考察启蒙运动时代以来各地法院实践中出现的那种根本趋势，引出了为数众多的有趣问题，但我们若要在这些问题上得出令人满意的结论，务必更加入木三分地探究这些问题。在阐发我们主题的过程中，有必要藉着法哲学的省思刨根问底。

第二章　自然法

如果人在其环境中感到绝望和六神无主,他便逃离他的日常生活,返归自然。他从大自然母亲那里寻求生活创痛的慰藉。大自然母亲能够带给他的慰藉,是他在同胞那里找不到的,也是他没办法凭借一己之力找到的。他寻求自然的生活,他幸福地恪守在他看来是自然嘱咐于自己的事情。规制其生存的实定规则与合乎自然的东西,在他心里日益尖锐地对立起来。

这种对立早早地出现在法律领域,也不足为奇。亚里士多德(Aristotle)在《尼各马可伦理学》(*Nichomachean Ethics*)里探究了政治上的正义(尤其在《尼各马可伦理学》

5.10），使自然正义与实定正义相对峙。斯多葛学派
（Stoics）在其法律理论的讨论中极力强调，要对根据自然的
正义以及根据既定法律的正义展开根本的探究。如希尔登
布兰德（Hildenbrand）在其《古代法哲学》（*Legal Philosophy
of Antiquity*）第 505 页所敏锐表明的那样，这一点与斯多葛
学派整个的哲学教义密切相关。对斯多葛学派的信奉者来
说，一切都依托于合乎自然的生活。在他看来，自然表现了
至高无上的法，一切人世存在，甚至法和国家的统理
（ordering）都臣服于自然。

在阐明这里涉及的问题方面，罗马人尤其当仁不让。
他们这个民族似乎命中注定要对实定法给出清晰透彻的阐
发。他们才思泉涌，习得了令法律顺应公共生活和私人生
活的技艺。他们凭借所获得的这项技艺，将纷繁复杂的法
律问题分门别类，从而系统地钻研全部法律。他们有一种
出众的直觉，将法律难题解析为它的各种简单要素，并对这
个法律难题展开鞭辟入里的分析。古典时期的罗马法学
家，特别是公元 2 世纪的法学家，在个案处理中能够始终把
注意力放在一切法律的基本概念上面。在他们那里，恰如
年轻的杰尔苏（Celsus）的表述所透露的应然状态那样，法确
实就是"善良和公正的技艺"（《法学阶梯》1.1. pr.）。但罗
马的法学家们并没有把关于其推理模式的批判性阐述传给

我们。他们不是哲学家,他们在表述基本概念时,唯希腊人马首是瞻。这在法"理念"的问题方面同样有所表现。他们无非是用拉丁语重申希腊哲学家,尤其是斯多葛学派的提法。于是,既然前述希腊人肯定没有细细推敲寄情于自然的问题,罗马人在阐述时也就没有对此精益求精。就罗马法的渊源来说,"自然法"有别于"市民法",但作出该区分的法学家们却满足于提出如下命题,即一些法律制度通常可见于所有的民族,因而与所有人的基本天性相连。

伟大的经院哲学家托马斯·阿奎那(Thomas Aquinas)卒于1274年,他的政治理论风靡中世纪。他同样把实定法与自然法两相对立起来。实定法是人的创造,在各个不同的民族有不同的确立形式。而自然法是自然诫命的产物,换言之,是永恒的神法藉以示人的形式。诚然,神的意志完美无瑕地存在着,然而属人存在的局限性在作祟,以至于人所秉有的来自神的立法理性不得不表现为有限的形式。但既然这来自神的立法理性有所表现,托马斯·阿奎那便认为能够提炼出法的一系列基本原则和制度,以之作为自然法。

我们会从这番审度中发现,关于"自然"和顺应"自然"的单纯观念,仍未向我们提供任何可以把握的东西。要让我们的思考更加清晰,就得说明"自然"这个词在所有西欧语言中都有"本质"的意思。而恰如逻辑学家认为的那样，事物的"本质"是该事物的经久特征之整体。就我们的主题（即法学思辨中的根本趋势）来说，可从两种视角来考虑对自然的顺应。我们既可以探究人的"本性"（nature），也可以探究法的"本性"（nature）。这两种探究在历史上比比皆是。只有当探索自然法的活动从其中任一思路着手，人们才能把自然法问题看得一清二楚。

　　第一个真正领会自然法问题的是伟大的荷兰人胡果·格劳秀斯（Hugo Grotius，1583—1645）。他的提法极其明晰。对他来说问题在于：人性的本质特征是什么？一切法律讨论将由此取得坚实的基础。假如实定法同万古不易的人性本质特征融洽和谐，那么该实定法便获得完美证成。格劳秀斯因而成为真正清晰理解自然法的第一人。我们不妨据此给自然法下个定义：自然法是就其内容而言合乎人性的法。格劳秀斯对自己的方法深信不疑，期望藉此解决整个正义问题。于是他使自然法问题同宗教方面的考虑因素完全分离。按照格劳秀斯的说法，即便不信神的人也必认可他的自然法演绎方法的有效性。就人性的本质特征而论，格劳秀斯自认为发现了"合群欲"（appetitus societatis），这个东西在他看来是指朝向如下事情的冲动，即在各个人所处的社会中安宁地生活，亦即人根据他的理性为自己安排的联合生活。但凡与此一冲动融洽和谐的都属于自然法，例如，信守约定；但凡与此一冲动抵触背离的都是不法的，例如，对他人暴力相向（这样一来他人便享有自然的自卫权）。鉴于以上阐述所凭借的是据称属于共同人性的东西，那么我们通过判定特定原则是否为一切已知民族所适用，便可证明那条原则是否属于自然法。就此而言，格劳秀斯当时念念不忘的显然是"万民法"，即罗马人为调整他们那大一统帝国内的交往而确立的法律体系。随着格劳秀斯通过运用自己的方法构建起一套完整的法律体系，上述情况便更是确凿无疑。

他的法律体系构建，服务于国际法律关系。既然按照格劳秀斯的看法，法律命令的事实证成基础完全在于它们与共同的人性融洽和谐，那么从另一方面讲，但凡人类聚居之处，自然法的原则必定奏效。法的概念没理由局限在国家的范围内。国家本身无非是特殊种类的法律结合体。从逻辑上看，国家预设了法的观念；既然国家不过是法观念的一种适用，法的观念必定凌驾和超越于国家。因此，法的观念建立起各国间的纽带，并在自己的适用过程中统辖各国。这样一来，格劳秀斯成为现代国际法的鼻祖。数世纪以来，人类都在摸索国际法。当然，始终存在着一种关于将各国凝聚起来的法的概念。古代的使节法、和平条约和通商条约已开其端绪。并且恰如孟德斯鸠所言，连易洛魁人（Iroquois）都有一套国际法。而如今，凭借这位才华横溢的荷兰人在科学上的累累硕果，法的观念得到了系统的澄清，从而第一次能够为构建现代国际法提供基石。

本文不打算对格劳秀斯的观念在此后的实际表现形式刨根究底。面面俱到地叙述格劳秀斯以来各种自然法体系的发展，也不是我们的目的所在。我们只打算提纲挈领地谈谈，格劳秀斯的问题表述和构思方法所经历的跌宕兴替，从而表明格劳秀斯的思想遗产在当下理应获得怎样的意义。

就这第一方面来说，我们需要注意有种严肃的反对意见在挑战格劳秀斯的人性描绘。格劳秀斯对问题的表述则原封不动地保留了下来。有一个世纪之久，当时人们最关心的是这样一个问题，即什么东西才能真正被称为人的普遍特征。然而，对这个问题的兴致逐渐黯淡，尽管任何时候（甚至在今天）都没有完全消逝。

名扬天下的英格兰哲学家托马斯·霍布斯（Thomas Hobbes，1588—1679），认为对同胞的恐惧乃是人性的本质特征。每个人都必定对周围的人怀有恐惧和猜疑，因为每个人都太容易受到周围人的伤害。霍布斯由此提出他那著名的箴言，即一切人对一切人的战争是人类的自然状态。法的问题在于如何遏制这种自然状态，尽可能完善地履行此项职能的法便是自然法。

有一个特别的事实,即在接续格劳秀斯问题的自然法倡导者中,没有哪个人给出的特定回答能够长期获得众口一词的肯定。德意志的自然法代表人物便是如此,他们在格劳秀斯之后成为自然法的引领者。

普芬道夫(Pufendorf, 1632—1691)认为,人的共性是脆弱无助感。托马修斯(Thomasius, 1655—1728)则发现,人的共性在于渴求长久而幸福的生活。我们这里所讨论的自然法这一趋势中,不时酝酿出五花八门的后续变种,例如,利己心、共有偏好、奢侈甚至挥霍,等等。

有几种观点经常被相提并论,甚至时不时地被熔铸成一套完整的心理学体系,例如,傅立叶(Fourier)宣称,人相继受到三种冲动的左右:第一种冲动是"卡巴利斯特"(cabaliste),即为达目的不择手段的欲念;第二种冲动是"巴比隆"(papillone),即见异思迁、渴望多变;第三种同时也是最后一种冲动是"孔崩希特"(composite),即奋力求得沉着冷静与自知之明;从第三种冲动开始,几种冲动又周而复始地循环起来。

以上诸多观点的这种持续转换不是偶然的现象,也不单单归结于人的弱点。根本法的观念就在于,解决所有具体的疑问和难题时,须心怀绝对一致的目的。那么,假如我们到那一切人所共有的,看得见、摸得着的特征里寻求这种指引,就还需要对其作出生理学上的证明。人的本能生活,仅仅为我们提供了人类欲念的多样化素材。这素材总是而且必然是可变的、彼此不同的。只要我们满足于单纯描述人类本能生活的外部表现,就无法从总体上把握人的本能生活。相反,我们有必要抽象地领会正当行为的绝对统一性,亦即将其作为"理念"来领会。难题在于从绝对彼此和谐的角度去考虑一切可以想到的努力。只有做到这一点的时候,我们才可能以同一尺度评判每种特殊努力。此一方法的确立和详述,乃是本文结语部分的焦点。

虽然各位拥护者莫衷一是,虽然欠缺合乎科学的基础,但自然法却是法律发展中举足轻重的因素。它往往针对实定法而强化判决自由,实际上,它旨在作为实定法的楷模。至今依然生效的 1811 年《奥地利民法典》述及这么一个问题,即如果遇到法律没有明文规定且甚至无法通过类推来判决的案件,法院当何去何从。该法典第 7 条规定:"若案件仍有疑义,则须参酌事实情况的认真收集和悉心权衡,依自然法原则作出判决。"

在 19 世纪,法学领域关于自然法的讨论让位于历史法学的研究,并且现代的判决中援引自然法的情形可谓凤毛麟角;例如,按照德意志最高法院的判决(《判例集》18.18),

一本书的作者享有按自己实际撰述的样子将该书整体出版或部分出版的"自然"权利，该权利是他藉着自己工作成果的原本性质而享有的，若是谁以有所损益和改头换面的方式生产该书的复本，则侵犯了原作者的这项权利。

人们更是常常通过诉诸自然的法权感，来证成此类推理思路。诉诸自然法权感的情况，在民众那里屡见不鲜。人们喜欢拿主观情感同实定法条相对。再者，人们也会拿自然的法权感来支持或补充法律。类似情况就出现在因为拍摄首相俾斯麦（Bismarck）的遗体而引发的一桩著名诉讼中。两名摄影者通过贿赂门卫，得以潜入弗里德里希斯鲁黑庄园（Friedrichsruhe），并［在拍摄过程中］糟践了俾斯麦的遗体。俾斯麦的家属遂提起诉讼，要求销毁照片底片。最高法院（《判例集》45. 173；另参见 46. 79）裁定支持原告，其判决理由正是认为若对原告的诉讼请求不予支持，则有违"自然的法权感"。[①]

但这不太经得起推敲。事实上，没有哪个人从呱呱坠地的时候就拥有上述假设的观念。襁褓中的婴孩对正义的法和不正义的法还根本没什么概念。这种素养的取得，须

---

① 耶林讨论过"法权感"的问题，参见〔德〕耶林："法权感的产生"，王洪亮译，载《比较法研究》2002 年第 3 期。——译者

依靠足够的世事阅历。说正义理想的发展在所有人那里都如出一辙，这是信口雌黄。于是对批判性的心智来说，人们时常挂在嘴边的自然法权感，无非是关于法权的偶然概念和评价，而且这种诉诸自然法权感的举动，无论如何都预设了关于根本正当的基础观念。这种观念的实质就是：有种说不清、道不明的力量支配着我的内心，我从中引出各种具备根本正义性的判断。

且不管这一整套关于自然直觉和人性的理论，对法和国家的发展以及政治学、国际法的发展有多么深远的影响，本章所讨论的这种根本趋势对化解现代法学的难题而言，几乎派不上用场。

第三章　理性法

有一种广为接受的信念，即对于理性之创造力的信念。这种观念认为，要想妥善地塑造自己的生活和自己周围圈子的生活，只需进行合乎理性的思考。创设法律制度尤其是理性的功能之所在，人们依据这些法律制度可以过上自由幸福的生活。上述观念的立足点是一种根本的谬误。

理性的使命是界定严格意义上的"理念"。如第二章提到的那样，"理念"是指关于一切可以想到的经验的绝对总体性的概念。一切可以想到的经验被构想为处于完全的和谐。"理念"并不存在于看得见、摸得着的现实中；否则，"理念"的存在将涉及意义方面的矛盾。但是，"理念"尽管并没有看得见、摸得着的外观，却好比具体经验的"北极星"。

由此可见："正义理念"并不具有创造性。

"正义理念"本身并不能产生欲念的素材。它的功能是在不同可能性之间作选择时，找出正确的前进方向。不同的可能性本身就摆在我们面前。它们的出现总有某种历史限定，而且可以说问题就在于时不时地从中进行选择。

那么，在我们对现时代遇到的困难品头论足的时候，我打算来一段小插曲，谈谈术语问题。这样一来也有助于在客观上澄清某些具有根本意义的事情。

我们得区分"概念"和"理念"。"概念"是各个单独对象之共有要素的精神表象（mental representation）。每个"概念"都是部分的表象。它由恒定的类特征构成，"概念"所呈现的精神图像，藉着这恒定的类特征而得到一致规定。故而，"法的概念"意味着人类意志的一种属性。它表示人类的一部分努力的恒常性质。它有别于其他形式的意志，既有别于道德意志和约定俗成的意志，也有别于专断意志。每个"概念"都在其个别表现形态中得到完全实现。每种特殊情形都会触及"概念"所包含的思想统一性。例如，每当我们遇到某个法律现象，我们就遇到了获得完全呈现的"法的概念"。

上面所谈到的那种意义上的"理念"则截然不同。理念的问题在于，令某个特殊情形同可以想到的一切事态的总体达成和谐。于是，不仅"理念"本身不是特定经验的对象，而且所设想的情形也从来不能被完全化解。尽管如此，我们还是务必对"理念"孜孜以求。古人有个比喻十分妥帖，即把"理念"比作"北极星"，水手紧紧盯着北极星，不是为了抵达北极星并在那里登陆，而是要根据它来掌舵前行，穿越朗朗晴空与如晦风雨。

"概念"和"理念"的区分及其命名，要追溯到希腊哲学。人们常常把二者混为一谈，并在暧昧不明的意义上使用二者。不过，值得注意的是，希腊文里的"范畴"一词在所有文明的语言中都有译名，在英文里是"notion"，在德文里是"Begriff"，凡此种种不一而足；而"理念"一词在任何语言中都没有译名，只是连同其希腊文原意一道被后人照搬。

英格兰御前大臣托马斯·莫尔（Thomas More）常为世人称引的《乌托邦》（Utopia）一书，代表着与上述观点截然相反的看法，该书全名《论共和国的最优形式和新发现的乌托邦岛》，1516 年以拉丁文发表。这部作品的主体内容已是老生常谈，故而我们只消简笔勾勒，以便联系我们的主题对其展开批判性的省思。众所周知，乌托邦岛所展示的就是幻想中共产主义国家的景象。岛上诸多制度立足于否定一切种类的私有财产,立足于所有人每日工作六小时的义务,以及立足于消除一切种类的贸易并由官吏分配产品。全部生活都要服从统一的计划。儿女满堂的家庭,要把一部分后代过继给那些没有孩子的家庭。每隔 10 年,住所都要重新洗牌。所有居民都要在同一时辰就寝、起床、消遣和进餐。从社会的观点看,此乃"普洛克路斯忒斯(Procrustes)之床"。关于人的血肉之躯,关于人的千差万别的性情、能力、欲念和倾向,莫尔实际上三缄其口。

若说此番离奇图景可以追溯到柏拉图(Plato),这肯定是牵强附会。柏拉图在其讨论国家的那部伟大作品中,没有展示什么乌托邦,而仅仅意在表达每位立法者和每套法律体制都应遵循的若干根本思路。他的起始命题如下:重要的事情在于,作为人的生活场景的政治状况,是善的政治状况。不过,善这一属性是定性的东西。依柏拉图的见解,若是基于各种主观利益的定量清点来建立国家,则有失偏颇。他正是在这个意义上宣称,统治者要超然于自私的欲念和激情。因而统治者无家亦无产。但这一点并不适用于绝大多数公民;而且,跟莫尔不同,柏拉图无论如何不倡导强制达成量的一致性。诚然我们读到,柏拉图在一段对话里描述了神秘诡谲的亚特兰蒂斯岛,它位于赫拉克勒斯石柱(the Pillars of Hercules)①以外。但柏拉图叙述这则故事，只为以赤忱的爱国心尊崇自己的母邦雅典，并追慕先贤们出类拔萃的品质；我们从这段渊源里找不出什么特定的法律制度可作为《乌托邦》的典范。

这样看来更有可能的是，莫尔靠自己的想象撰写了《乌托邦》。他为我们描绘的景象，同他非常了解的那个时期的英格兰的情况截然相反。书中的描写源自他的历史反思。莫尔的效仿者络绎不绝，但无人可与之比肩，即便贝拉米(Bellamy)的《回顾》(*Looking Backward*, 1887)也难以与之相比。

现在我们来看看，如何就诸如此类的乌托邦作出总的批判性评定。它们都是异想天开之作。但它们旨在以严肃的方式影响法律及其适用。它们的特性在于，它们实际上随意杜撰了具体社会生活的素材。如前所示，它们其实是从历史经验出发，并据此展开建构。甚至当它们自称恰好避开那种做法的时候，它们当然也还是那样做的。它们所设想的具有一定特质的人，不同于经验世界中的人，并且它们令这些设想出来的人置身于林林总总的生活方式的可能性中，而那样的生活方式同样是发明者天马行空的结果。

---

① 指直布罗陀海峡两岸耸立的悬岩，寓意世界的尽头。——译者

因此,这些乌托邦对于砥砺思想来说常有非凡的意义,但终究没有科学上的价值,因为作为其构思来源的素材并无真凭实据。于是,它们虽然始终激荡着众多读者的心灵,却对法律以及法律处理方式全无影响。影响立法的是判然有别的思路,并且案件的判决也恰恰背离了那些乌托邦;下文即将表明,毋宁说,各个法院倾向于对来自现实社会状况的狭隘结论亦步亦趋。

在启蒙时代,有人试图科学地论证关于法律问题中的自由选择的学说。特别是克里斯蒂安·沃尔夫(Christian Wolff, 1678—1754),他按独断论的形式阐发了这一学说。他以《理性的思想》为题发表了若干部著作,讨论人类生活的一系列问题。他在书中为道德和道德领域主张这样一种学说,即我们理应促进自己以及周围人的完善。对该学说可在怎样的意义上进行断言和证明,他并未作出批判性的省思。不过,从他的教诲中引申出政治领域的一种理论,史称"开明专制"(enlightened despotism)。

该趋势登上历史舞台,给法律的实践层面带来了重大影响。当时立法者自视为无拘无束的法律创制者。法律适用中的独立判断似乎多此一举,甚至有害无益。制定法律时那种据称绝对的自由,意味着法官和律师的相应不自由。在腓特烈大帝(Frederick the Great)治下轰动一时的磨坊主阿诺德(Arnold)案的结果中,这一点表现尤为明显。[①] 一位领主在流经自己领地的私人河流上修建了鱼塘。一旦水闸闭合,位于下游的磨坊主便没有水源供应磨坊的运转。法院判决,私人河流的所有者不必体恤他的邻居。腓特烈大帝对此龙颜大怒,并采取了令人难忘的以专断行政手段主持公道的行为:他惩罚了几名判案法官,并责令拆除鱼塘。

不仅如此,他还公布了编纂新法典的计划。他发现罪魁祸首不在于调整财产和相邻权的法规在理论上的不当,而在于法律事实上不是根据理性和习惯建构起来的。于是,《普鲁士普通邦法典》(1794)应运而生。这是现代法律史上第一部决疑(casuistic)型法典。

当然,每部法律从广义上讲都有决疑的性质,因为法律总要以法条形式表达出来。然而,法条乃是假言判断。它把某些前提与某些结论连接起来。故而,每次法律判定都采取决疑的形式。

可是,人们还在另一层更加狭隘的意义上使用决疑性表述这一术语。当所考虑的法律判定同实际案件(或至少是假想案件)的个别细节建立起固有关联时,人们便采用决

---

① 参见袁治杰:"磨坊主阿诺德案考论",载《比较法研究》2011 年第 2 期。——译者

疑性表述。同这种意义上的决疑性表述相对立的是抽象形
式的法律表述,依据后者,法律意志内容的提出,相对来说
更具一般性。二者的区分只是相对的。但这可用于识别
立法的基调。如前所述,决疑的形式在《普鲁士普通邦法
典》中居于主导地位。对要约的答复必须是"通过下一次
邮寄,借助于马或驿车",而要约人必须等候"紧随其后的
邮件"。通过自己的信使发出的要约,或者公司或社群等
发出的要约,则适用专门的规定(《普鲁士普通邦法典》
I.5.96ff)。其他采取抽象形式的法典,则满足于引入这样
一种表述:"在通常情形下"(《德国民法典》147)。法规若
以决疑的形式作为主导形式,则总有弃而不用的危险。优
秀的立法者会根据情况兼采两种表述手法,并且在合适的
场合选用合适的形式,以此展现自己的技巧。不过,凡遇有
疑义之处,应优先采用相对抽象的形式。老弗里茨(Old
Fritz)①所持的如下见解大错特错,即法学家及其独立思考
可以一笔抹杀。但是,关于无拘无束的立法者进行理性立
法的理论,对法和正义的一般观念产生了无比重大的影响。
这里我们不仅关心法律表达的技术,而且关心一切法律探
究的实际根本问题。这便把我们引向让-雅克·卢梭(Jean-

---

① "老弗里茨"是对腓特烈大帝的昵称。——译者

Jacques Rousseau)。

像卢梭《社会契约论》(1762)那样对人类历史走向造成如此深远影响的著作,实在屈指可数。他的基本观念是,须认为法律秩序就本性而言属于社会契约,这社会契约是由具有平等权利的联合起来的个人之间达成的。但该社会的目标,是所有可以想到的人的幸福。卢梭用一个常被误解的术语描述这一点,即"普遍意志"(*la volonté générale*)。在卢梭心里,这可能不是在解释既存法的整个起源;毋宁说,他所思考的是关于法律整体的系统观念。而且我们在考虑卢梭的"普遍意志"的时候,不应着眼于量的层面,即或许视之为公民的一致意愿,甚或公民的多数票;而应着眼于质的层面,即视之为有着特定构成要素的欲念,这欲念就上述意义而言可见于每个人,同时在每个人那里又与"特殊意志"(*volonté particulière*)相对立,后面这种欲念指向个别人或个别民族的幸福。

这里正可就法的"概念"和"理念"进行相关演绎,这些演绎是从卢梭设定的若干根本原则发展出来的。但那位法哲学家在这两点上,都没有得出令人满意的结论。

卢梭试图将法的观念同专断命令的观念区分开来。至于把法同道德相区分的问题,以及把法同约定俗成的规则相区分的问题,则与他的宗旨不相干。于是,他将法视为一种同上述意义的"普遍意志"相应的社会规则。这便使我们误入歧途。法这个"概念"涉及人类意志的一部分，可根据一定的特征得到界定。法可以同专断命令区分开，因为生效的法必须是不可侵犯的，有权有势的个人绝不能任意左右或动摇它。法必须是经久的条文，不得根据个人的心血来潮而随机应变地对法作出规定。因此，我们有可能用法定律令的"概念"对比专断的专制命令。至于以上所抽象界定的法是否实际上完成其理想目的，则总是没有定评的事情。确实存在着不正义的法这么一种东西。卢梭的相反论断是完全站不住脚的。那种论断在前提上混淆了"概念"和"理念"。可是，犯下此种错误者至今仍不在少数。

　　不过，卢梭从未把"正义理念"搞得一清二楚。这要归于一个事实，即他和当时的其他人一样，言必称幸福论（Eudaemonism）。对启蒙时代来说，追求幸福是人类意志的至高法。这种经不起推敲的观念，直到康德（Kant）手里才被完全废除。康德以不容辩驳的方式表明，若断言人类努力内容中的主观意义上的快乐，乃是具有客观规定性的意志的法，则不免遇到矛盾。诚然，一个人尽可能努力地追求幸福并增进自己的福祉，但那是其努力的主题，不是其努力的法。这就好比通过履行自己的义务这一绝对原则来实现幸福。可卢梭在前述他那普遍意志公式中支持幸福论。事实上在他那里,普遍意志的问题仅仅关乎所意求之物的一般性特征,关乎所意求的东西是否有客观正义性;在描述正义意志的基本法(basic law of just will)时须排除幸福。因此,社会生活里的一切事物皆取决于纯粹共同体这一理念,但卢梭对此并不认可。

最后,从他的整个推理过程进而引出一种误解,即他能够塑造一套理想法。他的公法原则包含着关于立法、投票以及其他具体问题的特定命题。但凡要把有着具体内容,但又有着绝对效力的"理想法",安置于一切民族和时代,矛盾便如影随形。因这具体内容关乎调整特定时空下法律服从者的一定需要。可是,凡此种种的问题皆视情况而定,并随着情况的变化而不断变化。绝对的意义只能属于形式性的裁判方法,譬如前面关于正义"理念"的观念所表明的那样。

上述几种理论涉及据称从事自由创制活动的立法者,还涉及实际确立理想且具体的法律制度的可能性——这些理论至今依然深入人心,而且如下观点流布甚广,即正义意志的至高法,在于寻求快乐和物质慰藉。我们在这方面任重而道远,所有民族都逃不脱该难题的影响。人类若要进步,则须在思想领域有所推进。

司法实践大体上避免了这些经不起推敲的命题。但它却常常走向另一个极端。这种情况的出现跟 19 世纪的总体思想发展有关,对此我们后面将在第八章"法律经验主义"详加研讨。

不过,兴起于 19 世纪并反对"社会契约论"的那些理论趋势,已为此拉开序幕。接下来我们对其进行逐一考察。

第四章 历史法学派

本章所讨论的趋势曾长期盛行于法学领域,这种情况在德意志表现尤甚。历史法学派所包含的独到理论,发轫于19世纪之初,同所谓的浪漫主义有连带关系。

浪漫主义的特征是对精神的信念。人的周围到处萦绕着其他的精神存在物,但这些精神在种类上有别于人的精神。精神的概念同样适用于"民族"。每个民族因而都表现为拥有"固有精神"的独立存在。民族被视为有生命的东西。民族独立于其各个成员。实际上,作为实体的民族精神世代相承。民族精神实为现世的有限存在物,但坚韧牢固、不容变更。民族精神在民族的各个成员心中催生共同的确信。这些确信弥漫在智识生活的每个环节,但凡存有对于法的共同确信,这共同确信本身就是"法"。

关于各民族之独立人格的观点,归根结底可以追溯到赫尔德(Herder)。① 该观点贯穿于他的《歌谣里的民族之声》。歌和诗所传达的正是"民族"精神;个人不再被视为创造者,单就民歌而言,其创造者的姓名碰巧散佚。后来的哲学史研究表明,谢林(Schelling)便持此见。② 萨维尼(Savigny)将该见解引入法学。这一点事出有因。

我们得从 1814 年说起。当时德国已凭借莱比锡战役(the battle of Leipsic)摆脱了拿破仑(Napoleon)的占领。该事件究竟将引发怎样的政治后果,时人并不能看得分明;单纯恢复 1806 年之前存在的政治秩序,看来是无稽之谈。就在这个节骨眼上,坊间开始流传一本小册子,它出自德意志的一位爱国人士、海德堡大学蒂堡教授(Thibaut)之手,此人是民法专家,亦对康德哲学如数家珍。他提倡颁行一部通行德意志全境的现代民法典,以便国家统一,得享长治久安。按他的说法,传统民法因形式和实质方面的缺陷而深

① 赫尔德的相关作品,参见〔德〕赫尔德:《反纯粹理性:论宗教、语言和历史文选》,张晓梅译,商务印书馆 2010 年版。——译者
② 谢林早期的一篇法哲学论文,参见〔德〕谢林:"自然权利新演绎",曾晓平译,载《世界哲学》2004 年第 5 期。——译者

受诟病。曾被继受为帝国共同法的罗马《民法大全》,其文本系以外族语言书写,而且流传下来的并不是本真的原初版本。该文本从过往的时代承袭而来,那时的政治经济状况与如今不可同日而语。该文本的内容常常意义含混、众说纷纭,加之残缺不全,且充斥着根据地方性或一般性的后世法律所做的添加/篡改(interpolations)。①

有鉴于此等棘手且不容置疑的事实,若要特别提出相反的主张本来实属不易。蒂堡的反对者萨维尼却另辟蹊径。他把注意力转向那种在法与法律创制的关系问题上对他说来唯一可取的观点。他从前述的浪漫主义立场来谈的。创制法律的不是立法者,而是民族精神。立法者仅仅把民族精神的指示记录在案。为此,立法者必须充分掌握关于民族精神之真义的系统研究。可是,在展开大讨论的当时,此类知识分外匮乏。萨维尼的小册子遂命名为《论立法与法学的当代使命》(*On the Call of Our Time for Legislation and Legal Science*)。

如今时过境迁。萨维尼在他那个时代是风云人物,因为政治形势并不容许其他方案,但 19 世纪末的《德国民法

---

① 蒂堡的相关论战材料,参见〔德〕蒂堡、〔德〕萨维尼:《论统一民法对于德意志的必要性:蒂堡与萨维尼论战文选》,朱虎译,中国法制出版社 2009 年版。——译者

典》还是遂了蒂堡的心愿。不过，在那段岁月出现的为争夺
主宰地位而相互口诛笔伐的那些观念并未湮灭。它们时至
今日依然盘踞在人们心间。索姆（Sohm）、达恩（Dahn）、基
尔克（Gierke）等一批声名显赫的法学家和法律史学者，终其
一生都自称是萨维尼所创法哲学的信徒；细心的观察者眼
下可在诸多国家和民族那里，发现浪漫主义趋势的复兴。
由此可见，清晰地理解法学中这种历史的趋势，无论对于立
法抑或对于法学理论，都有着而且必定始终有着不容小觑
的意义。于是，我们接下来将关注上述理论所引出的各种
结论，以便对之进行批判性考察。

刚才提到的那些结论有三个方面。

1. 依历史法学派诸位信徒之见，在法的发展中，习惯法
优先于立法。通常说来，当我们困惑于二者之中哪个更加
契合既定历史状况时，便会考察这两种法律的发展方式。
一方面，据称，习惯法这东西说不清、道不明。要确立习惯
法，就只有找到一些证人来证明，某个实际惯例真的在既定
地区长期持续存在。但有可能出现证人之间聚讼不已而莫
衷一是的情况。不过，习惯法的倡导者会插嘴辩称，但凡能
够确立习惯法的时候，习惯法便更加迅速而直接地契合交
往的需要和商业生活的要求，而立法的跟进则往往步履蹒
跚。反对者会摆出如下事实针锋相对，即制定法的文本更

加有章可循,法的安定性因此得到巩固。对或许意义含混的制定法作出目的解释,比起阐释某一习惯的相对令人费解的内容,要来得容易得多。习惯法的倡导者则不甘示弱地回应说,制定法一向僵硬呆板,不太考虑个案情况。

　　然而,上述口水战对浪漫主义法观念的拥护者来说,完全是无关痛痒。在他看来,法其实不过是民族精神的表达。唯一的问题在于,民族精神的含义和嘱咐,要借助怎样的法律表达才能一览无余。故而,在该观点的代表人物看来,对习惯法——他认为在习惯法那里最强烈地感受到民族精神——的承认,可以说并不是一个"权宜"的问题,换言之,并不是在讨论某个特殊问题,而是在承认他那关于法和整个民族生活的根本观念。近来的法律发展对习惯法不利。尽管如此,若说每条特殊的习惯法唯有通过专门的立法认可才能被准许,这样的看法倒也不见得成立。情况毋宁说是,习惯法作为一个整体在法律体系中的确立,要依靠立法的批准,正如通过制定法进行法律创制的方法那样。诚然,上述对话里那些反对习惯法而力挺严谨立法的论调,在当今的法律生活中如火如荼。1888 年《德国民法典》第一草案第 2 条的规定便是明证:"习惯法的规范仅在制定法援引习惯法的范围内有拘束力。"鉴于前述讨论,难怪历史法学派一位忠心耿耿的信徒会评论道:若是采纳这一条文,莫不如

放弃整个法典编纂计划。所提交的《德国民法典》第二草案
暂时搁置了这一条文,准备从长计议,但关于该条文的讨论
后来不了了之。

然而,从萨维尼开始,学界明显不倾向于编纂包罗万象
的法典。值得注意的是,在数世纪的历程中,原创性的法典
编纂少之又少。其他邦国将现成法典挪为己用的做法,是
上述现象的题中之义。这里的问题,不在于试图编纂原创
性法典的立法者面临多大困难,而在于制定原创性法典的
可能性遭到彻底否弃。如前所述,按照浪漫主义的观念,根
本不是立法者,而是民族精神创造了千姿百态的法。

2. 我们从这套法律理论得出的第二条结论是,法律学
者须把主要精力放在彻底摸清法律发展的历史过程上。唯
有如此,方能真正判定民族精神之于特殊法律问题和法律
制度的本质意义。民族精神本身不能像别的事物那样,作
为明确的对象接受科学的检视。但认清民族精神终究意义
重大,而除了着眼于民族精神在历史长河中的偶然表达,人
们也没有别的办法认清民族精神。

因为这样的缘故——也就是说,其实根据从其基本前
提所作的单纯演绎——现代法学中的以上整个根本趋势被
称为历史法学派。

须注意,浪漫主义这一实际的哲学基础,在这段时期的

整个智识生活中扮演着重要角色。该现象在当时文明史的各个部门都有体现，语言学犹堪瞩目。在其他一切学问领域，甚至在关于外族语言的探讨中，浪漫主义观念早早地销声匿迹了；而它在法学领域经久不衰、沿用至今。在他那部妙趣横生且发人深省的小说《借方和贷方》(*Soll und Haben*，1855)里，古斯塔夫·弗赖塔格(Gustav Freitag)为我们讲述的一件小事提供了很好的佐证。故事的一位主人公聊起他在美国的经历。他谈到自己如何结识黑脚族部落的印第安人，并模仿起他们的语言。听他说事的一位恭谨的学者说道：不，他们是苏族人；在黑脚族那里，"ja"的发音有所不同。那位主人公听得瞠目结舌，而那位学者继续侃侃而谈："在理解人们能够领略的最崇高事物，亦即民族精神时，语言知识有着无与伦比的科学助益。"

3. 从历史法学派的理论前提推导出的第三点是，严格说来不可能对历史赋予我们的现实法律进行客观评判。因为法不是人类意志的产物，而是一种共同确信。民族精神唤醒和引起了此一确信。故而萨维尼得出结论说，拒斥历史的产物乃大谬不然之举。不难想见，立法者或许会误解和不当地表达民族精神的指示，但不得为"法的理念"确定独立的意义。虽然其他人可能会主张，为了达成正义，人的意志（换言之，法律意志）面临着特别的使命，但历史法学派的学说就要拒绝这一主张。

上述学说常常遭受来自各方立场的抨击。在它的反对者里我们特别要提到耶林（Ihering），本书第七章会进一步梳理耶林的学说。事实上，历史法学派的理论虽然风靡多年，却经不起推敲。鉴于高举历史法学派之大旗者，并不在同一意义上理解和运用"民族精神"（即该派理论之核心），该派学者也就常常并非观点一致。尤其值得一提的是如下几种可能性。

（1）"民族精神"被视为特定的独立存在物。这与上百年前浪漫主义的正统假定相吻合。它将个人的意义置于次要地位。个人的确信不过是"民族精神"这一复杂心理现象的表现。如前所述，我们固然不能对"民族精神"进行直接的科学规定，但其在经验世界中的真实性则有事实的佐证，即它的确唤起了人们的共同确信。由此可见，"民族"是自然天成的东西，"民族精神"是明确的实体。

可是，这样一番说法不仅神秘莫测、晦涩难辨，而且带有不可化解的矛盾。它违反了因果律。因为民族精神若要在经验世界催生一定的确信，那么，作为有限原因的民族精神本身，反过来也必须是其他原因的结果。将它说成经验事实，并把它看作一种原因，而这原因本身反过来却不由其他的非独立原因所催生——此种尝试遂同任何可能存在的科学的必要条件,发生了不可调和的冲突。

（2）关于这里谈论的基本观念有另一番不同的描绘:"民族精神"是人类社群的集体层面。而我们不妨把社群视为形神兼备的实在(corporeal-spiritual reality)。社群集体意识的存在,同个人的那种意识相辅相成。正如在个人那里的情况一样,关于社群存在集体意识的假定,将我们带回到生活之谜。

基尔克尤其试图以这种方式挽救历史法学派的基本学说,可我们不敢苟同。

意识的统一性,意味着对现实个体经验的内容进行一致统理的可能性。这种可能性是一切思维和反思的不可动摇的条件。再者,我们不能把这种意识的统一性当成认识的特殊对象,因为那还得预设对诸观念进行一致统理的可能性。必须首先存在科学讨论的逻辑前提。

这样,"生活的特定统一性"就得到了直接证明,并彻底脱离"迷魅诡谲"的领域。我们现在把关于自己的受到必然规定之意识的观念,引申到其他存在者那里。若没有这种观念上的嫁接,则关于其他有生气的精神存在者的概念便没有意义。不过,这种引申在科学上的正当理由仅仅在于,若没有这种引申,则根本无法把握那另一个对象。于是,这适用于整个人类。然而,关于人所构成的一个具有坚韧统一性的社会,我们能够在心中完全再现它的"概念",而不用再赋予它社会本身的意识这样一种属性。因为这个社会在谋求共同目标的意义上涉及统一化,亦即每个人都为了他人的利益而努力,他人也相应地投桃报李。

在与每个特殊社群都严丝合缝的这种人类社群的"概念"中,找不到任何"有形实体"观念的踪影。要是真有这么一种联合体,它必须作为某种物体存在于空间中。显然,情况并不如此。我们拒绝人类社群的空间存在,不是因为我们无法感知人类社群,而是因为在规定着人类社群"概念"的那些实证特点里,找不到三维延伸的标志。

(3)那么,假如"民族精神"既不作为独立的、凌驾一切的、基本的东西而存在,也不是人类社群本身的属性——即同自然人一道存在的特定东西——则唯有从人们自身的共同属性角度才可能理解"民族精神"。因此,"民族精神"将成为一种称谓,用于描述一个民族当代和后代个体成员的共同确信的基础。而鉴于现在我们要把"民族精神"仅仅当作民族的特殊成员所持有的东西,它就必须通过继承而在民族的特殊成员中流传。

人是作为自然的存在者来到这个世界上的。新生的婴孩带有某些需要进一步发展的禀赋。诚然,这些禀赋源自生身父母和列祖列宗。但若要尽可能获得这方面的科学知识,我们必须致力于自然科学的研究,致力于生理学的追问和生物学的查考。可是,父母并不始终局限于各血统和各民族的圈定范围内。各血统之间的融合和通婚其实不受制约。因此,若认为所继承的禀赋,会在(作为确定自然实体的)民族范围内一以贯之地传承下去,则是信口雌黄。而且谁也没法以这种方式查明那原初的精神性存在,后者正是人们通过"民族精神"寻求的东西。

(4)国民特性——它们可见于家系、民族等明确的族群——的情况则全然不同。这些群体中的人,在特征上相对一致。这些特征的存在毋庸置疑。可时过境迁之后,它们会发生改变。它们受到多重影响因素的左右:例如,不同的生活习惯,这归因于实用科学的进步和国际交往的兴衰;又例如,杂居、通婚和其他各种历史实情。由于阶级和身份各不相同,国民内部发展出了形形色色的差异,而且那些阶级和身份的共同国际属性往往跨越了共同的国民属性。

每位立法者都须通盘考虑上述情况。但既然这是一种变动不居的素材,我们肯定不是在讨论决定和裁判的普遍有效基础,而经由批判而建立的(critically established)法哲学则必须提供这样的基础。

假如这里作一番总结,我们可以正确地理解个人与共同体的关系。

每个人都置身于一种共同体生活方式中,它受到社会的制约,且发生历史的演化。个人的生存方式被深深打上了由此而来的各种印记。通过每个人与他人的联系,语言、习俗和法律作为规定性的因素进入每个人的生活中——这些因素本身表达了历史性的共同体生活,受到历史的制约,变化无常、更易不息。而每个人反过来也在自己力所能及的范围内,影响和改变共同体生活——每个人各自的方式兴许在强度和种类方面悬殊,但必会在某种程度内进行。

若把人的共同体生活仅仅当作(被视为独立单位的)各个人的加总,这肯定是错误的。但从另一方面讲,我们没有理由把人类存在本身的社会性质,塑造成某种现实存在物,并把这种存在物作为特定的鲜活实体——它在各个人那里召唤出了现在所需要的确信——同各个人的总和相对照。

历史法学派学说的合理内核在于它强调了如下事实:法的全部发展都以历史的限制为根据,唯有追溯起源方能彻底澄清一部实定法的正确含义。然而,欲达此目的,没必要引入"民族精神"这个源自浪漫主义的神秘要素,"民族精神"在法律科学和法律实践方面为祸已久。

第五章 社会学法学

莱斯特·F.沃德（Lester F. Ward）在其撰写的论文"当代社会学"（1904）里，为"社会学"一词罗列了不下12种含义。毫无疑问，他还能为这个光彩夺目的词语找出更多含义来。综上可见，这个词终究并不担当对于特定人类知识领域的一致描绘。然而，还是有一个非常显眼的明确趋势贯穿这些不同的含义。这一趋势的特征就是，在讨论物理世界时极其倚重自然科学的方法，并且采取某些影响深远的"类比"，这些"类比"即便在最无关宏旨和最具个别性的问题上，也会引导现代法学。

这里首先值得一提的是唯物史观。它如今已逐渐变得家喻户晓。它的主要影响力表现在政治领域,因为众所周知,它为现代社会主义奠定了理论基础。但就我们的目的,亦即考察现代法学之根本趋势而言,扼要探讨一下这个学说还是值得的。

唯物史观是整个唯物主义哲学学说的主要部分。这里的最高命题是,"物质"和物质运动是此岸世界一切存在物的终极本质。它们甚至控制人的意识。关于最后这个论点不可避免的荒谬性,我们毋庸赘述,只需提醒人们注意大名鼎鼎的唯物主义史研究者弗里德里希·阿尔伯特·朗格(Friedrich Albert Lange)的看法,大意是关于"物质"和物质运动的精神表象终究还是一种精神表象。假如我们取消"物质"及其运动作为单纯的人类知识对象的地位,则它们势必被掏空。并不是"物质"赋予了人类认知的可能性,相反,倒是关于"物质"及其运动的每一种观念都以意识的一致统理可能性为条件。唯物史观尝试着将唯物主义的上述含义引申到社会生活领域。马克思(Marx)在19世纪40年代开其端绪,当年的时代特征是,立足于自然科学的生活观所向披靡。朗格在前面援引的那部研究唯物主义史的著作里,尚未注意这种生活观。按照这一趋势,社会经济被当成社会生活的"物质"。社会的结构和组织取决于生产方式和产品分配。法律仅仅是竖立在那独立存在着的社会经济之

上的"上层建筑"。一旦社会经济出现重大变动,则法律也
势必依"辩证"必然性而发生改变。

在唯物主义历史解释的那些为人反复申说的论述中,
再也找不到任何关于法概念的更深入剖析。"法的概念"与
其他概念(道德、习俗、专断命令等)之间究竟有怎样的联系
和区别,唯物史观对此未置一词。而关于"正义理念"问题,
马克思主义者仅限于指出,对何谓"正义"的看法要视情况
而定,并且还有赖于经济现象那不可动摇的自然进程。毫
无疑问,其中带有对法和正义观念的某种不以为然。法和
正义的观念居于次要地位,看起来几乎用不着进行透彻考
察。但社会唯物主义的这一整套观念其实没什么分量。它
总的说来比较粗糙,没有经过仔细的推敲,而且在我们这里
关心的问题上,它肯定没有多大发言权。这是稍加思量便
不难想见的事情。

在唯物主义历史解释的全部讨论中——按照这种解
释,包括生产和交换在内的社会经济表现为该学说的基
础——我从没见过什么地方明确提出如下问题:"社会经
济"到底是什么? 若是该学说的代表人物曾经这样发问,他
们肯定会发现社会经济是个协同努力(*coöperative effort*)的
问题。而唯有以磋商、协议和系统性规制为前提,才有可能
协同努力。要是没有签订劳动契约的法律可能性,讨论工

资的高低、工作条件的优劣、税收的多少或者罢工的规模，都是枉然；要是法律秩序未就私有财产或货币作出规定，就谈不上价格高低的问题。社会生产的实施立足于法定交易，产品的分配亦复如此。因此，我们饶有兴致地看到，社会经济就是将一定的法律秩序付诸实施。

我们关于特殊经验的一切观念都是复合物，我们关于协同努力的观念亦不例外。为厘清我们的智识储备，不妨将某个特殊观念分解为各个要素，这些要素彼此相对而言并不同等重要。某些要素构成其他要素的条件；也就是说，若没有前者，我们简直对后者无从设想，或者兴许恰好相反。于是，我们在考虑特定物体时，不可能从中剥离三维空间的观念而同时却仍保持该物体的形象；不过，倒是有可能摒弃该物体的具体要素而又保留空间"概念"本身。

假如人们按此法寻求"协同努力"概念的内在构成要素，那么显而易见，由法律赋予的秩序可能性，是社会经济据以展示自身的那番具体表现的逻辑前提。因而法律不是竖立于社会经济之上的"上层建筑"，不是顺应自然规律的神秘无定形的存在物；套用一则古老的表达形式，法律其实是社会生活的"理型"（*forma*，即本质要素）；换言之，但凡讨论作为社会生活素材的经济秩序，都以法律为逻辑前提。于是我们便回到这样一条命题：我们亟须对"法的概念"这一特定科学问题作出批判的阐述。

再者，"正义理念"问题的情况也没什么不同。唯物主义历史解释仅止于呼吁人们关注，"正义理念"的适用在多大程度上因各个人、阶级、民族和时期而有所差别。谁会否认这么一条浅显的评论呢？可是它并未免除我们的如下任务，即界定凡此种种差别背后的统一概念。若是没有这个统一概念，我们根本不可能比较这些差异，也不可能判定这些差异的存在。一旦听闻有人感到并宣称某件事情是"正义的"，批判的意识便禁不住追问：他心目中的"正义"是指什么？因此，若是我们对特定情境下何谓"正义"的有限意见亦步亦趋，而没有扪心自问，我们在不经意间将哪些基本的前提观念作为出发点，是不到位的。正如我们在前面发现有必要确切地规定"法的概念"，这里也提出了一个相应问题，即以批判的清晰性来界定"正义理念"所必然包含的前提观念，从而凭借其统一化作用，为纷杂的历史实情赋予真正的秩序。

单纯诉诸同自然科学的类比是不够的。人们喜闻乐见的一种策略是主张有机论的而非机械论的类比。存在一种有机论的国家学，它在讨论国家的组织结构时，认为国家好比人的身体，并把国家的事务部门描绘成身体的各个器官。滕尼斯(Tönnies)拿中世纪坚城自守的城市——它们通过自己和邻邦来满足自身需要——比喻有机体，而拿现代大都市比喻机械装置。最近，施泰纳（Steiner）及其人类学学派，提出了"社会有机体之三位一体结构"的理论。正如人的身体由头脑、胸腔和消化系统等构成，我们同样也要在社会有机体中区分出思想领域、政法领域和经济领域；它们各个都有一定的独立性，并依自己的法则运转。依此观点，我们无从知晓法律领域和经济领域如何在没有思想领域支持的条件下运作。而且，说存在着一些独立的经济规律，它们有别于并剥离于支撑性的法律秩序，这样的立论如前所述是完全站不住脚的。

但一个人不论何时尝试借助有机体生命的类比来展开法律讨论，我们都应该问问他，关于有机体这个"概念"，他究竟有没有什么清晰的精神表象。前面提到的那些学者，从未试图界定这个"概念"。可是，有机体是个复合体，其各个组成部分表现出相互依存的状态。自古以来人们就观察到这个事实，而对"有机体"的定义也正是如此。康德在他的《判断力批判》（*Critique of the Power of Judgment*）中，条分缕析地阐述了"有机体"。机械装置，例如，钟表、机器等，则欠缺这种各部分相互依存的复合状态。在机械装置里，各部分并不相互滋养，并不处于自然注定的相互依存状态。由此可见，就科学考察而言，有机的东西及其对立面机械的东西的"概念",专属于自然科学的领域。而就合目的性行动的领域来说——关于法律和社会问题的讨论基本属于这个领域——自然科学顶多只能提供一种比喻。当年墨涅尼乌斯·阿格里帕(Mennenius Agrippa)确实使用过这种比喻,据说他在平民撤到圣山(Sacred Mount)之际发表演说,其中扬名天下的是,他以身体其他部分与胃的[不和]来比喻[平民对元老的愤怒]。① 但只要我们真在讨论经由方法论建立起来的科学,在接受此类例证时就不能不有所保留。我们必须沿着独立的路线,开展和从事关于人类意志内容的科学,而我们反复申明,以探求法的"概念"和"理念"为己任的法学实际上属于该科学。

在近来关于法学方法论的讨论中,所谓的社会学法学异军突起,它更多地具有实用性而非旨在根本的原理。这一派可以说是半路杀出。它的目标不是展示一套基本的法学理论,而是单纯通过更加切近地观察法律、经济和实际生活交往,为得到体系性规定的实践提供指南。我们可以把社会学法学分为两种不同的类型。

一方面,法学被要求着眼于"经济"意义来理解法律。

①　参见[古罗马]李维:《自建城以来》(第一至十卷选段),[意]斯奇巴尼选编,王焕生译,中国政法大学出版社2009年版,第85—87页。——译者

这将适用于某部法律所包含的各种法律概念。人们应该借助国民经济学的考察，来判定这些法律概念的意义。同样，对特殊法律制度的客观证成，人们应该从经济的角度作出判断。

在上述观点的背后，有一种涉及经济学与法律的关系的误解，甚或完全错误的观念。诚然，每条法律原则都意味着社会经济活动的可能性，因为该活动不过是起支撑作用的法律秩序的适用罢了。然而，从具体法律在实务中的实际适用得出这条法律所包含的意义，却是办不到的。人们兴许可以通过观察这条法律的适用，更清楚地看到立法者可能追求的目标——他可能达成也可能没有达成那些目标——但对这些目标的规定和解释，作为一个特定问题，甚至先于和独立于法律适用的考量。

再者，我们不能忽视如下事实所涉及的困难，即不少人希望在衡量法律制度或法律要求的价值时，仅仅考虑经济因素。这类因素大概就是所谓的生活需要、商贸需要。但后者的重要性仍有局限。它们标志着个人的期待和利益。这些东西是否有法律效力，自始就另当别论。如果我们仅把更大范围的个人旨趣和欲求当作衡量标准，我们所获得的无非是技术上的有限解决方案。此类解决方案假使得到法律的承认，不免引出更深一层的疑问。唯有通过绝对固定的路标指示前进方向，事情才能水落石出。诉诸经济经验的做法,全然没有满足这种对一致的社会秩序观的探求。当然,从隐含的意义上讲,其中会确立此种基本观念,解决方案也会由它来规定。然而,问题仍然在于努力阐明和自觉反思那作为前提的法"理念"的特性,以及法"理念"在特殊情况下的适用的可能性。

同这种类型的所谓社会学法学形成反差的是,另一种类型提出了别的要求,即应在法律问题中探究和展现"活法"。这意味着我们必须观察法律运作中实际发生的事情。人们主要适用什么原则,这些原则在个案中引起了怎样的结果?另一方面,关于现行法体系中的法条和律令,我们必须认为其中哪些的实际意义微乎其微,甚至全然没有实际意义?提出上述问题显然是顺理成章之事。人们迫切想要对此类问题有所了解,立法工作也由此获益良多。若要评价一定时期内法院判决的成果,最重要的是观察逐渐浮出水面的问题的总体动向,与先前的问题相比,它们显示出待决难题随时光流逝而发生的变迁(参见第一章)。

可这些全都属于特殊司法问题的范畴。要从中理出原则问题,未免有失偏颇。其实,上面讨论的观点预设了法律科学研究的形式性方法;上述观点自始至终的问题,只是如何在个案中纠正某种法学努力的具体结果。这么一种观点绝算不上现代法学中具有根本重要性的趋势。

第六章　法律否定说

一位证人出庭作证。在他宣誓之前，法庭警告他不要作伪证，并要求他举起右手，把法定宣誓重复一遍。他声明自己不宣誓；宣誓是《圣经》所禁止的行为。法庭向他解释说，宣誓是一项法定义务。他固执己见，因此受到惩处。他虽然遭受了惩罚，但仍拒不宣誓。法庭有时对此颇感棘手，每每不得不采纳未经宣誓的证人证言。

对这种顽固不化的人，或许要设法动之以情、晓之以理。这便有必要阐明我们的主题，即在考察法律对上述问题的影响时根本正确的态度。我们在此理应提一提《旧约》，其中对法和正义有颇多溢美之词。大概极少有什么言辞,能同先知以赛亚(Isaiah)对法的称颂和赞誉相媲美。对于那些践踏法律、损人利己之人,亦即(可以说是)那些在守法和违法方面投机取巧之人,他都严词谴责。"正义的果实是和平,正义的效验是永恒的宁静和安全"(《以赛亚书》32∶17)。

这感化不了那位拒绝宣誓的人。就连大数的保罗(Paul of Tarsus)在《罗马书》(*Epistle to the Romans*)里的言论,即顺服在上的有权柄者,也不能令他就范。他回到这样一种主张:他所必须服从的是上帝而不是人。也就是说,他从根本上全然不承认法律本身的效力。这可不是极个别的情况。在最近的世界大战中,某宗教社团的成员拒绝服兵役的事情屡见不鲜。就他们奉为权威的《圣经》段落而言,一个人可能在含义的理解上与他们产生分歧,但我们的问题仅仅是,法律的命令是否就因为具有"法定性",便在原则上优先于其他规定。

10年以前,妇女参政的呼声在英格兰处于鼎沸状态,力挺妇女参政者自认为有理由刺杀内阁大臣、毁坏博物馆的文物以及实施其他暴力行为。她们宣称,法律仅仅是由男人制定的,对女人没有拘束力。可是奇怪得很,她们有一回居然主张她们有资格派遣代表觐见国王;她们宣称,她们享有宪法上的权利,要求得到国王的接见并向他一吐愁怨。

这里谈到的事情仅仅倾向于在个别情况下质疑法律。

它们产生于具体的经验，涉及反抗特定性质的法条。然而，过去大约 80 年里发展出了一种趋势，斩钉截铁地完全否定法律的正当理据。该趋势被称为无政府主义学说。无政府主义的考量颇具启发性，真正推动了我们对基本法律原则的总体反思。不过，这里我们将仅仅关注该趋势的理论基础，不叙述无政府主义政治家的实际举措。

我们感兴趣的这种理论，可以追溯到两个人，蒲鲁东（Proudhon）和施蒂纳（Stirner），他们有时按照不同的思路否定法律。

皮埃尔-约瑟夫·蒲鲁东（1809—1865）的创见在于，他为人类的共同体生活设想了一种自然秩序。按照他的看法，人类开展交往的方式本身，就像是一群蜜蜂或一堆蚂蚁的生活。这番共同体生活有一种内在的、对法则一成不变的遵守。倘若留给人类充分的自由，那么一切事情都将井然有序地发展。因此，国家——它拥有强制性举措和法律，具备警察和军队——妨害了自然的自由，进而妨害了健全的社会状况。

那么，人们不禁追问，依照这种绝对自由的观念，复杂的商业往来可能以怎样的方式开展呢？蒲鲁东的回答是提议开办"交换银行"。生产者要自愿地组建庞大的联合体。每位生产者届时都将把自己的产品交付中心区，根据所交付产品的估价拿到相应的"劳动凭证"。他可以用这张"劳动凭证"在仓储总库换得日用消费品。蒲鲁东寄望于这种方式能够消灭货币和租金,保障个人的绝对自由。事实上,1848 年,巴黎的确创办了这么一家"交换银行",约有 12000 名成员,但好景不长,因为蒲鲁东被卷入一场政治风波,并被判处一段时间的监禁。出狱后,他已经潦倒不堪。后来有一些较小手笔的工程效仿该"交换银行",但都不值一提。

现在我们来考察蒲鲁东观念的理论基础。它是完全经不起推敲的,因为它误解了社会生活的概念和必然性。假如我们把个人当作孤立的单位,那么只需要考虑他的主观欲求;要讨论的就只是他的内心生活。于是这里并不存在任何社会问题。当我们把人与人的共同体生活纳入讨论范围,社会问题才浮出水面。这样一来,人们之间彼此的限制便在所难免。这里立刻出现了统合性意志的观念。鉴于一个人的目的构成另一个人的手段,而这另一个人的目的也构成前者的手段,于是我们就发现一种有别于单个人意志总和的独特意志。这是必然得出的东西。

而我们把概念的必然性理解为这样一种性质,由于它的缘故,我们的精神生活若要存在统一性和秩序,便不能割舍那个概念。关于人的社会存在的概念便是如此。哲学史上固然常常谈及"自然状态",并设想"自然状态"中的个人

同其他人毫无干系。有人相信,借助这种分析性的讨论法,
我们可以更进一步看清人类社会的本质。但这种意义上的
"自然状态"观念,仅是浅尝辄止。倘若我们把事情的整个
原委想清楚,就不得不将各个人的目的彼此统合起来。要
令这一操作成为可能,就必须存在相互间的限制和被限制,
或者换言之,各个人的意志必须服从一种将其统合起来的
意志。

相反,尝试着根据《鲁滨孙漂流记》的故事来思考问题,
是不足为训的,因为鲁滨孙来自社会,并且在历经一番不期
而遇的与世隔绝生活后,又再次回到了那个社会。实际上,
自打鲁滨孙从食人族手里救下那位年轻的印第安人(取名
为"星期五"),并同他相依为命,鲁滨孙便开始过上社会
生活。

事实上,蒲鲁东正是在建立他的"交换银行"制度时,利
用了社会生活的可能性;严格说来,他甚至引入了法律责
任。因为那些表面上"自由"订立的契约显然创设了义务。
他所描述的这一整套制度,立足于私有财产的可能性,也要
求有可能存在因契约形式的承诺而引发的责任。存在于蜂
群、蚁群、马群、牛群那里的绝对的自然自由,在"交换银行"
制度下甚至不可想象。这里的问题在于根据保持有序关系
的义务将人们的目的统合起来。蒲鲁东及其门徒为反对货

币而展开的斗争,从他们的整个计划来看仅仅是偶然的事情。这里显然不存在法律本身的观念和讨论方面的某种根本趋势。

著有《唯一者及其所有物》(*The Individual Man and His Property*)的麦克斯·施蒂纳(1806—1856),比上面讨论的蒲鲁东严谨得多。麦克斯·施蒂纳是笔名。作者本名卡斯帕尔·施米特(Kaspar Schmidt)。刚才提到的那本书痛快淋漓地抨击了一切权威,不仅包括人对人的权威,也抨击了一切具有权威规制力的观念。照他的看法,无论法律、道德还是宗教,统统不该存在。一切事情的尺度都是个人,如他恰好所是的那般。将任何义务、任何客观意义上的法强加给他的思维或意志的做法,都遭到坚决抵制。当然,这位作者虽然秉持上述异乎寻常的激进怀疑论,却没有察觉他本人显然陷入了糟糕透顶的自相矛盾。他主张,单纯主观有效的东西便是客观正当的东西。跟古代的智者(sophists)如出一辙,施蒂纳及其理论在这一条上作茧自缚。若是根本不存在客观正当的东西,那么,他的学说同样不能具有客观有效性;这样一来,人们就无法理解,他为何还要提出自己的学说,并喋喋不休地灌输给其他人;另一方面,倘若果真存在着作为特定概念属性的客观有效性这么一种东西,那么我们就有必要凭借批判的省思来判定,有见地或有意愿的人在怎样的恒常条件下能够拥有客观性这一属性。

我们所关心的是,施蒂纳得出结论认为,法律及其所主张的强制性根本不具有正当理由。法律之治对服从者的情况在所不问。因此,法律一经颁行,便限制了个人的绝对自由。如前所述,按照施蒂纳的意思,既然有其局限性的个人是一切事情的尺度,故而,法律权威的根本权利一概得不到承认。施蒂纳是这样表述的:个人和国家是死敌,只要我们维持法律及其强迫性,则改善社会问题的一切尝试都是镜花水月。

他扪心自问:届时将发生什么事情呢? 社会生活要终止了吗? 一切合群性、一切友爱,亦即一切基于爱的原则或社交原则的事物,都要灰飞烟灭吗? 施蒂纳不以为然。他不打算在其争论中得出一些从蒲鲁东的理论前提引申而来的结论。他反倒认为,社会生活势必存续,也将一直存续,但是,他反对向社会生活施加法律规制。他用"唯我论者的联合"这么一种如今声名远播的术语,来表达他自己的社会秩序观。

在这里我们有必要作一番概念阐述,以便更好地领略这种怀疑论的真正含义。诚然,人类生活就其社会层面而言,服从于形形色色的规则。稍稍花些心思便会发现,每个人都生活在这些规则之下。从小到大,我们全都受制于规矩和伦理规则、惯例和礼节的规则以及所有日常诫命的规则，我们每每强烈感受到这些规则，但它们并不具有任何法律性质。现代法学理论家将其统称为约定俗成的规则。它们的特征在于，实际上它们仅仅包含着对服从者的某种感染力。它们的效力主张在一定程度上立足于服从者的首肯。相形之下，如施蒂纳正确感受到的那样，法律具有绝对至上性的特点，凌驾于受法律支配者的意志。每个人生来便置身于法律秩序，并且身不由己地臣服于这套法律秩序；或许法律允许他退出，但他唯有依照法律本身所规定的方式，才能脱离法律的控制。

于是，我们不妨把上面提到的根本问题表述如下：约定俗成的规则与法律，二者之中哪个拥有原则上的优越性？乍看之下，好像约定俗成的规则有资格享受这种优越性，因为它并不限制个人的自由，而法律无疑限制个人的自由。法律仅仅留给个人相对的自由，这种自由是增进法律目标的手段，随着时代的不同，法律也在改变着这种自由的范围。毕竟法律会施加各种义务，即便"须尊重周围人的权利"这条法律命题——只是因为法律下达了这项命令，而不是由于这里的主体作为"唯我论者"有这样的欲求——也没有给那荒诞不经的绝对自由要求留下任何余地。

可是，前述原则上的优越性，其实属于如此这般的法律。之所以能够宣称这种原则上的优越性，仅仅是因为事实上，那种具有本质意义的法定责任类型比起约定俗成的责任类型，在客观上更好地确立了可适用性，而完全不考虑这两种社会规则可能具备怎样的有实际规定的内容。

在五花八门的社会意志中，唯独法律才依其本性而拥有恒常拘束力的特性。约定俗成的规则——或者专断的命令——立足于个人的自由裁量，立足于纯粹主观的兴致。因此，对法律的根本证成在于，它保障了社会生活本身的稳定。若不以长治久安为基础，人们便绝无可能从客观上改善那受到历史规定的现实社会生活的内容。故而，就其在概念上的特征来说，法律对人类社会生存的任何可能的有序性而言，都是不可或缺的条件。

一套经过仔细斟酌的理论的实际益处，不在于它事实上直接指示了应当即刻予以落实的个别主张；毋宁说，理论提供了具体问题决断所依据的前提，尽管人们或许对此常常浑然不觉。理论统领着世界。一旦我们拥有了堪称最佳意义上的理论，亦即旨在把各项事实体系化的进行一致规定的方法，那么这规定的方法，而非（像许多人误认为的那样）该方法所确定的各项事实，才是具有实际重要性的东西。谁若坚信无政府主义，并像它那样宣称完全约定俗成的规则有着原则上的优越性，那么在一切纯法律问题上，他所采取的观点和达成的结论,也会不同于确信法律本身之正当理由者的观点和结论。同样的道理,本章开头所援引的来自司法和行政经验的事例,值得我们进一步思索;就连对如此有限的难题所下的决定,最终也取决于那作为个人法观念之指南和圭臬的根本趋势。

再者,这篇专论因篇幅所限,不宜将无政府主义学说在政治领域的兴衰娓娓道来。众所周知,政治领域出现了两种趋势,它们采纳了蒲鲁东和施蒂纳的想法,试图在一定程度上兼收并蓄。首先是共产主义的无政府主义。它所设想的是,废除了私有财产的、像兄弟姐妹那样在一起生活的自由共同体。同它形成对比的是个人主义的无政府主义。后者构想的仅仅是带着私有财产的自愿共同体。其理想的实现,寄望于人类的思想进步。这两种否定法律的理论,在现时代已经式微;例如,在美国的情况便是如此,7 名元凶在犯下数起无政府主义暴行后,于 1887 年在芝加哥被处决。我们在讨论现代法学的根本趋势时,易于忽略这种式微的状况。

索姆在 30 年前重新提出的有趣问题同我们的话题紧密相关,即应该如何从原则上考虑法律与教会的关系,以及我们对教会法的存在假定是否恰当。索姆对教会史和法律史皆了如指掌,他的立场很明确,即认为教会法同教会的本性不相吻合。教会的精神本性不允许法律来控制它的运作，因为法律是世俗的东西；教会法虽然有违教会的本性，但到底还是发展起来了。

索姆打算以一部全面的教会法论著来阐述自己的观点，这部论著本来要收入宾丁（Binding）计划推出的重量级法学论丛，可事与愿违，索姆最终没有完成这本书，这套论丛的另外几本书同样如此。1892年，该书第一卷面世了，书中按照上面提到的原则思路，通过教会的历史沿革来描绘教会的本性。第二卷则理应阐明法律的本性如何不同于教会的本性，但这第二卷"胎死腹中"。索姆有一份手稿作为遗著发表于1918年，其中只是重申了第一卷里的基本概念，并稍作发挥。此外，索姆在1914年的短文《世俗的与精神的法》（Secular and Spiritual Law）（收入《宾丁纪念文集》）里，回到了我们感兴趣的那个问题，采纳了笔者关于"法概念"的学说，也赞同我们在法律和约定俗成的规则之间作出划分的观点。然而，他还是坚持自己之前宣布的指导原则。但这些指导原则其实经不起批判的审视。

宗教生活驱使那些持有相似信仰者结为一体，即便每个人各自都可以同上帝神交。个人唯有在共同拜神和敬神的时候，才获得宗教意义上的提升。再者，若没有宗教情感这一外部纽带和据之建立的各种制度，教义的薪火相传、思想和精神的代代相续便绝无可能。但我们不可认为,宗教共同体的形成动力源自不约而同的自发个人决意。人们必须为互利共荣的目的,按客观正当的方式塑造教会。故而,人们有必要假定教会联合体是恒常持久的联合体,也就是说,把建立教会理解为促成法与秩序的意志。

第七章　法律中的现实主义

被称为"现实主义"的那种理论趋势,试图把握法律与道德发展中的现实内容和现实取向。从文献上看,该趋势尤其可以追溯到基尔希曼(Kirchmann)和耶林这两位代表人物。

基尔希曼因为 1848 年的一次演讲而名声大噪,演讲题目是"作为科学的法学的无价值性"(The Worthlessness of Jurisprudence as a Science)。[①] 他特别提出三点理由来否认

---

① 参见〔德〕基尔希曼:"作为科学的法学的无价值性——在柏林法学会的演讲",赵阳译,载《比较法研究》2004 年第 1 期。卡尔·拉伦茨对这篇演讲的重要回应,参见〔德〕拉伦茨:"论作为科学的法学的不可或缺性——1966 年 4 月 20 日在柏林法学会的演讲",赵阳译,载《比较法研究》2005 年第 3 期。——译者

法律科学的可能性。法律的素材变动不居，而自然科学的素材则一成不变；法律不仅存在于认识和理解中，同样存在于情感中；法律要靠人来颁布，在内容上取决于人为颁布的东西。但是，鉴于基尔希曼避而不谈他所谓"科学"的含义，因而他的反对意见仍然悬而未决。他借口说可资利用的演讲时间过于短暂，来为自己开脱。可他后来得享高寿，在其有生之年从未弥补自己论题的缺憾。

他出版了受到盛赞的"哲学书系"（Philosophische Bibliothek），这套书经过修订改版之后，至今仍在刊行，其中于1869年收入一篇著名文章，题为"法律和伦理的基本概念"（The Basic Notions of Law and Ethics）。

基尔希曼在这篇考察法律理论和伦理理论的论文里，运用了归纳法。他收集了许多历史事实，通过抽象从中寻求规律。基尔希曼在这样做的时候形成一种观点，认为道德并不脱胎于永恒的原则或神圣的戒律。相反，君主和国民是不受道德限制的权威。道德本身依托于君主和国民的指令。因此，道德必然因时因地而变动。三个因素构成了道德变动的前提：知识发生增长、对自然的控制力得到加强、对关乎福祉的事业的采纳能力有所变化。这同样跟法律和伦理息息相关。而从道德的必然变动可以推知，没有哪个时代、哪个民族的道德优越于另一个时代、另一个民族的道德,在这方面,谈论什么真伪之别、高下之分,皆属徒劳之举。关于不同时代、不同国民的道德,不可能有任何衡量尺度,也不存在某种标准,而一旦缺少标准,关于法律和伦理上的国民进步的概念,也就随之烟消云散了。

基尔希曼的以上论证,一直在对两个问题进行混淆和模糊处理。他没有分清,"道德"观念在法律和伦理中的意义是一个问题,而"道德"观念在历史过程中的适用方式则是另一个问题。这里所说的"道德",无疑是指"正当",而且是指原则上的"正当"。基尔希曼在这个意义上讨论了法律和伦理的基本概念。但他的意思是不是说,"道德"这一具有逻辑规定性意味的观念本身就变动无常呢?

尽管他从没这么说过,但这可能就是他的意思;因为在讨论过程中,他时常用不以为然的口吻说起"纯形式"的东西。假如他这样看待事情,他就大错特错了,这错误必定成为一切思维清晰性的致命伤。他没有看到,"形式的东西"相当于规定的方法。而任何人若要建立精神生活的秩序,就必须拥有一定的方法来整理精神生活,否则不免陷入思维混乱。就方法的一致性而言,方法运用的多样性——亦即需求内容的多样性——则无关紧要。

然而,用于整理我们思维的这些方法,有没有可能同样不断变化且互有分歧呢? 即便如此,我们也还得在同一个更加宽泛、更加笼统的"概念"下，理解这些方法。基尔希曼毕竟把林林总总的道德观点统称为"道德"观点。就在他感到有必要强调这个"概念"的不断变化的运用时，他把这些观点归入了同一个"概念"。而倘若这些观点果真全都归属于"道德"（即根本上正当的意志）的"概念"，则我们必能设法澄清这个"概念"——这些观点根据一种逻辑必然性，被这个"概念"所囊括——亦即凭借其经久不变的特性来确立这个"概念"。

既然基尔希曼从对待正当意志的多种观点得出自己的结论，他不妨同样从对待外部现象合法解释的多种观点得出结论说，不可能存在任何自然科学。基尔希曼因为没有清楚地界定科学概念本身，在此自食恶果。若他果真开始发奋探究这一"纯形式的"问题，他就会发现，科学就是依照绝对一致的方法来统理我们的意识。由此可以推知，一方面，我们有必要通过批判的省思，明明白白地承认这套绝对一致方法的可能性；另一方面，无论就意志的内容而言还是就感知的内容而言，这样一套方法贯穿着我们的精神生活，不可或缺。因而，对于我们的目的来说，以及恰恰对于人类欲求和愿望的内容来说，基尔希曼的论题不过是一堆微不足道的主张。

以下看法大谬不然：对于"道德"——亦即（如前所述）

原则上正当的意志——问题上的固有歧见，我们不可能拿出衡量标准。这样一种衡量标准，存在于如下绝对一致的可能性中，即根据个人纯粹意志的观念来指导每一次意志活动。实际上，大家每一次对特定愿望的正当性下判断的时候，都在进行这一操作。这种一致的意志指导过程，为所有可以想见的努力提供了一般衡量标准。由此，我们至少可就特定的道德学说，以及具体法律意志的价值大小，给出明确的判断。

基尔希曼没有遵循这种经由批判确立起来的、关于绝对理想命题的理解，因为他仅仅熟悉"归纳"的方法，那肯定是不成的。

归纳根本不足以界定法的"概念"。诚然，认为如下做法可行者不乏其人，即先搜罗大量的法律经验素材，继而观察其中的共性，但该方案基于一项根本错误。它忽略了每当人们把某一"法律"经验，同类似种类的另一"法律"经验相提并论时，人们就已经预设和运用了"法"这个概念。否则，人们怎会知道自己所探讨的是"法律"经验呢？

归纳性的推理方法，无力对法的"理念"作出任何规定。一切归纳都是把具体现象归属于上位范畴的过程。在法学里，这种探讨方法便预设了一定的历史法律素材。它试图阐明这套具体法律素材的建构过程。因此，归纳法仅就所面对的问题进行纯细节的探讨。假如缺少某种得到具体规定的类型的明确素材，归纳法便完全无从下手。再者，我们根本不可能借助归纳法，发现法律认识和法律判断的纯粹形式。

结果，正是对根本考量因素的忽视，导致我们甚至在细枝末节方面屡屡出错。这印证了歌德的说法，一次错误或许无伤大雅，但错误的思维贻害无穷。

耶林（1818—1892）是法律中此类现实主义趋势的最杰出倡导者。[①] 他是 19 世纪法学中最有意思的人物之一。他在年轻时候奉行历史法学派，是普赫塔（Puchta）的门徒。后来，他宣布自己在普赫塔之外另辟蹊径，成为反叛者。他的这种立场尤其体现在他的一本小册子里面，名为《为权利而斗争》（*The Struggle for Law*）。这是他在 1872 年发表的一篇演讲，继而出版成书。整部作品的书写，贯穿着耶林那种泼辣机敏、洞明世事的文风。他相信，包裹着"民族精神"——它无声无息地催生了共同的确信（参见前面第四章）——的"神话"是站不住脚的。依他的说法，法律原则和法律制度的发展，并不像介词"ab"统摄"夺格"（ablative）这条拉丁文

---

① 奥科·贝伦茨关于耶林法律思想谱系的重要讨论，参见〔德〕耶林：《法学是一门科学吗？》，〔德〕贝伦茨编注，李君韬译，法律出版社 2010 年版，第 87—191 页。——译者

语法规则那样。法经由斗争而发展，每个人在斗争中赢得自己的权利。耶林在这条思想道路上渐行渐远，甚而抛出一项原则，即义无反顾地为自己的权利而斗争是每个人的道德义务。它既是每个人自己的绝对义务，也是共同体的绝对义务。这项义务一旦遭到漠视，则个人的"人格观念"必定消失殆尽，法律秩序也必定不复存在。

然而，不断有人指责耶林的观点失了分寸。这些人强调每一次法律纠纷中的错误几率。但我们在驳斥耶林的提法时，必须考虑得更透彻些。他没有指明自己是否想把一切实定法全部囊括进来。从他在这方面铿锵有力的言辞来判断，我们可以推测他有这个意思。而假如他的意思确是如此，那么我们就得考虑到，"法律"未必仅仅因为对应着法律"这个概念"，就在内容上也全部都是良善的和正义的。一部法律的具体条文绝不可能为人的意志提供最高准则。具体条文是实定的，也就是说，它们性质有限、意涵有限。成为问题的或许顶多是，为看似在根本上正当的这样一部法律而斗争，究竟是不是绝对的道德义务。但是我们还须考虑到，每一次法律诉讼或每一场法律纠纷总是个案。而具体案件本身，绝不能与绝对拘束性律令的概念相分离。相反，"不得将个案奉为生存的中心"倒是一句人生箴言，关乎对意志之纯粹性的最高认可。因此，唯有当特定法律所保障的权利具有原则上的正当性时，人们才有理由为这部法律而斗争；即便在这个时候，人们也不宜奋不顾身地执着于这有限的个别问题，以至于为此而牺牲其他一切东西。

后人素来推崇《各发展阶段上的罗马法精神》(*The Spirit of Roman Law at the Various Stages of Its Develepment*)，① 认其为耶林的扛鼎之作。这位大儒的满腹经纶，在书中熠熠生辉。耶林酣畅淋漓地描绘了具有法律禀赋的罗马民族，涉及各个重要的历史时期和他们的品格特点。学者们或许在细节方面对耶林颇有微词，但无人不赞同这部著作有着激荡人心的品质。可是，它所运用的是纯粹描述性的方法，是对历史素材的加工。没有谁会贬低这样做的价值，但耶林并不满足于此。

耶林在描述罗马法学的不朽成就之时，从整体上追问法律方法论。他把科学的法律探讨过程，同分析化学(analytical chemistry)相提并论。这当然只是精妙的比方。假如真要有所推进，我们就需要反思我们据以展开（自觉或下意识的）法律思考的、纯粹的基本概念。可是，通过单纯描述具体历史经验，我们并不能探明进行一致规定的范畴

---

① 该书"序言"的中译本，参见〔德〕耶林："罗马法对现代世界的价值"，姚远译，载《厦门大学法律评论》第21辑，厦门大学出版社2013年版，第468—476页。——译者

的本质,因为正是借助于这些范畴的运用,那些具体历史经验才得到有序整理。耶林必定对此心知肚明。他突然中断了《各发展阶段上的罗马法精神》的撰写工作,从历史转向法哲学。这部精湛的历史著述自此成了未竟之作。

取而代之的是,这位笔耕不辍的学者在 1877 年发表了新书《法律的目的》(*Purpose in Law*)第一卷。随后他推出了第二卷;后来这部著作同样没有下文了。耶林所耗费的心血总是半途而废。这位两鬓苍苍的学者虽给那么多的人带去灵感,却在盖棺论定之际,对自己毕生的业绩感到遗憾,这不禁令人悲叹。我们可从他的《法学中的戏谑与庄重》(*Jest and Earnest in Jurisprudence*, 1885)一书,①窥知那些左右着他的观念。当然,客观的批评者会禁不住在一些方面赞同耶林的遗憾。耶林的法哲学给后世留下了可以发挥的广阔天地。

《法律的目的》一书所根据的前提是,目的塑造法律。但耶林所说的"目的",是指利益和有限的结果。他描绘了

---

① 《法学中的戏谑与庄重》是耶林思想转向之后的作品,旨在批判当时德国的主流法学。该书分为四个部分:"关于当代法学的秘信""一位罗马法学者的闲谈""法学的概念天国"和"重返尘世"。第三部分的中译本,参见〔德〕耶林:《法学的概念天国》,柯伟才、于庆生译,中国法制出版社 2009 年版。H. L. A. 哈特关于这篇文章的重要评论,参见〔英〕哈特:"耶林的概念天国与现代分析法学",陈林林译,载邓正来主编:《西方法律哲学家研究年刊》(第 1 卷),北京大学出版社 2006 年版。——译者

社会的目的以及自以为是的目的,并试图阐述一套"社会的
力学"。他把目的理解为用于推动意志的杠杆。这些杠杆
包括奖赏与强制,也包括义务感和爱意。但这整个是通过
作为"政治暴力体系"的法律而得以推行的。

耶林尤其对这最后一条思想较真。他著作中有关这一
点的论述很有特色,值得我们引证。耶林是这样来想象他
的社会统治者理想的:"这位素来顾及自身利益的、冷酷无
情且又固执己见的利己主义者,随着阅历的增加,为自己搜
罗了一堆人生准则,这些人生准则都旨在引导自己正确地
为人处世,以便通过自己手上的权力谋得最多的益处。"

如前所言,耶林所勾勒的法哲学蓝图并不成功。由于
不恰当地界定了"目的"观念,这种法哲学自始就注定铩羽
而归。耶林把"目的"界定为"心理学的因果关系",但这样
一来,他就没有超出自然科学的范围。因果律意味着,对已
经发生的自然变化进行系统整理的形式性方法。于是,人
们根据过去的东西衡量那确定的当下情况。"目的"把人的
关注点引向未来。"目的"关乎如何选择当下的正确手段以
达成未来的目标,因此,未来规定了当下。在感知和意求之
外不可能还有第三个范畴,因为对当下的规定只能借助过
去或未来。另一方面,我们在阐发科学的概念时,肯定有必
要兼顾二者,即兼顾感知和意愿。而对后者,即意愿——还

是依照任何可能的科学的本质概念——我们需要进行特别讨论。人类意愿那无限变化的内容，须依绝对一致的方法来统理。运用那种假定自然变化乃先前原因之必然结果的方法，在这里没有任何价值可言。因此，耶林所选定的格言，即"目的"是法律的"创造者"，也就没什么意义了。法律并不由"目的"所创设，法律反倒是特殊种类的目的宣告。耶林没有运用批判的方法，因而未能厘清"法的概念"那普遍有效的固定意义。

耶林同样没能阐明"正当的理念"。他在这方面预设了前面提到的"政治暴力体系"。这几乎同可以想见的正义观念针锋相对。耶林也试图按照同样的思路，寻求一种绝对有效的方法，以便掌控对各类法律的评价。然而，单单提出如下命题作为这样的一致规定标准是不成的，即特定个体的个人利益决定一切。毋宁说，这里势必存在着对统一体的愿望。这便引出指导原则，即在可以想见的一切类型的意愿中达成完全和谐。于是，我们所面对的问题便是，如何在不引起冲突的条件下，将个别努力嵌入所有努力的完整集合。唯有如此，某一种努力才有资格宣称自己立足于原则。我们无法从经验上体察我们提到的这个集合；再者，它也不是看得见、摸得着的实在之内的确定对象。它仅仅是我们已在其他场合描述过的"理念"。可事实上，大家若要对任何特殊的法律问题下判断，都得诉诸这一"理念"。因此，法哲学的功能就是，尽可能清楚地描述前面提到的理想概念，由此为自觉澄清它在人类生活这一看得见、摸得着的实在中的价值扫清道路。其结果是，我们必须放弃这种简单的"现实主义"观点。

第八章　法律经验主义

经验主义是怀疑主义的一种。二者都拒绝考虑对精神生活进行根本统理的可能性。但二者的拒绝方式彼此有别。

怀疑主义完全否定那种可能性。自从皮浪（Pyrrho）开创了怀疑主义，这种否定便特别影响到法律问题。这一趋势随着公元前 155 年卡尔涅阿德斯（Carneades）在罗马发表两场演说而走向兴盛，其中一场演说显然在为正义高唱赞歌，而次日傍晚发表的第二场演说，则认为不可能有任何关于正义意志的客观规定。真与假、善与恶的观念，彼此盘根错节、难以明辨，纯属个人意见的问题。该观点流布开来，在历史上不绝于耳。但如前所言，该观点不值得我们认真思量。它立足于荒谬的假定，即对错之分无关宏旨。

经验主义从另一个角度看待这个问题。它紧扣人类认知和意愿的质料层面，想用科学的方法单单阐明这一层面。但科学的特性正在于，那据以规定经验素材的形式性方法。也就是说，如果不遵循一定的形式性方法来处理观感和愿望，谁都无法从事科学。于是我们再次回到本书反复强调的事情，即必须清楚地体认这种形式性方法的本性。但为此我们就有必要批判地考虑对具体实情进行一致理解的可能性。

如前所述，经验主义否定了这样的可能性，但否定的方式有所不同。

首先，科学研究者宣称，他本人无意纠结于那门科学的基础和终极的规定性方法。他自称以务实的方式开展工作。素材浩如烟海，须殚精竭虑才有望掌握。他无暇理清科学研究的"纯形式"基础。这正是19世纪中叶黑格尔（Hegel）哲学解体以来的主流心态。黑格尔当年力求系统地阐明认识以及一切理解的内容。他阐述了研究者所能知道的一切事情；在他看来，人类历史经历四个时代而告圆满，他本人身处其中的老年时代，因此，历史实际上只能至此终结。经验研究的拥护者不满于这样的观点。他们恰当地感到该观点歪曲了他们所处理的素材，并且能够隐隐约约地察觉，黑格尔及其学派因抹煞形式和质料的根本区分而造成弊害,至于这一区分,康德早已坚实地予以确立并传之于世。

1862 年,自然科学领域的一位顶级研究者,为知识的方法论基础考量而大声疾呼。此公便是赫尔姆霍茨(Helmholtz),身为海德堡大学教授的他当时发表了著名演说,讨论了自然科学同其他科学的关系。他凭借掷地有声的论述,毅然决然地挑战那单调的经验主义。他以不容反驳的措辞重新强调如下事实:若不把那些规定性的概念和原则——正是这些概念和原则首先使得任何科学成为可能——理解通透,任何学者都无权宣称自己的研究活动有资格被冠以科学之名。另一方面,他在谴责那不可一世的经验主义的同时,把它归因于对黑格尔方法的正当反击,后者对哲学之总体信誉的损害甚于对实际研究的损害。由于反感黑格尔的方法,自然科学家便不再关心哲学追问的正当要求,并忽视了这样一种必要性,即经由批判性方法为自己的科学探索活动确立不可或缺的前提。

赫尔姆霍茨敏锐地捕捉到这一点。他极力强调他所从事的自然科学的哲学基础,并坚持要"回归康德"。他有理由期待,这样一来,整个精神生活将得以深化,科学也将拥有真正的基础。在这位声名显赫的自然科学家之外,其他方向上的学者也不约而同地呼吁"回归康德!"此情此景几乎是大势所趋。例如,因撰写唯物主义史而声名鹊起的弗里德里希·阿尔伯特·朗格,以及发表《康德及其效仿者》(*Kant and His Epigoni*)一书的奥托·李普曼(Otto Liebmann)。

后来有人坦率地提出质疑:这三位富有远见卓识的人物,当时可能没有完全理解那位伟大的柯尼斯堡圣贤(Koenigsberg sage)[即康德]。这件事并不要紧,他们的功勋绝不会因为承认这番质疑而减少。不过,理论的探索和研究在 1871 年之后确实发生了转向。柯亨(Cohen)的《康德的经验理论》(*Kant's Theory of Experience*)一书在这一年问世。照许多学者的见解(其中也包括笔者),此书为正确理解康德的批判哲学彻底扫除了障碍,并使其广为流传。这涉及把先验反思同形而上学讨论和心理学观察区分开来。须将经由逻辑分析而获得的某个概念的一般要素,视为该概念所涉及的那些特殊质料组成部分的统理条件;而且,莫将这里的体系性问题同发生学问题混为一谈;也就是说,在探索某一思想内容所实际包含的东西时,不要同时追问这一思想内容的产生过程。硕果累累的哲学文献从此在各国出现。起初,法学没怎么从中获益。当时法学的主流趋势总的说来依然是"实证的"。法学仅仅探讨法律领域之中那有限的历史经验素材。如一位批评者曾经说的那样,法学的研究方式好比毛毛虫,只是闷头啃噬叶子,它的眼里只有叶子,对于叶子所依托的树干和树根毫不挂怀。这种情况在纯个人的规划那里素来司空见惯。作为其基础的法律经验主义,并不真正表现为一套特有的理论体系。毋宁说,个别研究者只是自称满足于其探索努力的有限性,拒绝费心思考那些必要的指导原则。纵然他果真对那些原则感兴趣,充其量他也只是以某种专业局限性的口吻宣称,他不愿逾越技术性法学的领地去寻求那些原则。这便忽略了一个事实,即我们自己如果不凌驾于边界纠纷的当事各方,就不可能力排众议地摆平这里同样存在的真实的"边界分割之诉"(*actio finium regundorum*, an action for regulating boundaries)。直截了当地说来,上述推理思路预设了"法的概念",而通过讨论法律的条文、教程以及它们的历史,我们是得不出"法的概念"的;法律意志必然构成人类意志整体的一部分,我们必须将其置于这种关系中加以理解;此外,我们肯定不能单单凭借技术性的研究来获得这种理解。

比起时而出现的凡此种种遏制哲学良知的尝试,阿道夫·默克尔(Adolf Merkel, 1836—1896)的努力要高明得多。这位卓越的刑法学家希望用"法的一般理论"取代法哲学。按他的设想,我们通过对历史给定的法律素材进行概括,有可能得到越来越一般的概念和原则。这些便是广为采纳的观点。温德沙伊德(Windscheid)在其学说汇纂法论著的第一部分提出，现代法学的主要功能之一，就是"尽可能地"概括具体法律素材。①

为建立科学工作的真正坚实基础而付出的这些努力，忽略了一则事实，即我们必须区分构想和判断的纯粹形式，以及依照那些形式处理的素材。形式是逻辑上有决定性的方法，用于整理我们的精神生活。形式是每一次科学活动的必要前提。感知这些纯粹形式本身并清晰体察它们的功能，这是个特有的问题。在这么做的时候，我们所面对的不再是对具体素材的概括。这类概括或许可以令我们获得对存在的素材的有趣洞察，但绝不能让我们理解从逻辑上统理思想的那些纯粹形式。

因此，一旦试图以其"法的一般理论"取代法哲学，默克尔以及那些追随他的法律经验主义者便陷入谬误。这里绝不存在非此即彼的问题。

如果我们考虑到以下事情，则这一点便应该分外清楚了："法的一般理论"这一趋势不仅探讨特殊法律秩序的内容，并在其范围内由特殊概念推及相对一般的概念，而且还

---

① 关于温德沙伊德的情况，参见〔德〕马廷内克："伯恩哈德·温德沙伊德（1817—1892）——一位伟大的德国法学家的生平与作品"，田士永译，载《法哲学与法社会学论丛》（第6卷），中国政法大学出版社2003年版，第443—490页。——译者

把多姿多彩的法律秩序进行相互比较。比较法便是"法的一般理论"这一学说的应用。所谓比较法,顾名思义,就是探究各种法律体系,从中寻求那些在历史上一再出现的法律制度。在此过程中出现了这些不同法律秩序势必予以回应的相似问题,至于回应的方式,则可能相同,也可能不同。比较各个法律体系的素材,有着不可小觑的意义。通过比较,我们可以比专心致志探究自己法律体系时,更好地领略自己法律体系的内容。比较法作为一种准备工作,也令实际立法受益匪浅。可是,我们并不能藉此获得科学的法律研究的根本方法,反倒在逻辑上预设了这些根本方法。比较不同法律体系的内容,既不能向我们提供"法的概念",也不能向我们提供具有本质重要性的"正义理念"。

我们在结束这里的讨论之前,有必要谈一谈那常被称为"相对主义"的趋势。究其源头,它大概可以追溯到所谓的"实证主义",后者由孔德(Comte,1798—1857)等人发展,尤其在意大利赢得诸多拥护者。近来,德国的耶利内克(Jellinek)、①米勒-埃茨巴赫(Müller-Erzbach)、拉德布鲁赫

---

① 耶利内克的一些著作已有如下这些中译本:《主观公法权利体系》,曾韬、赵天书译,中国政法大学出版社 2012 年版;《宪法修改与宪法变迁论》,柳建龙译,法律出版社 2012 年版;《〈人权与公民权利宣言〉:现代宪法史论》,李锦辉译,商务印书馆 2012 年版。——译者

（Radbruch）、韦伯（Weber）、本迪克斯（Bendix）等人，被奉为
"相对主义者"。他们各自的阐述当然彼此有别。但这些学
者的共性在于，他们否定任何观念的绝对效力。不可能有
什么观念超越"一般的相对事物"，亦即有限的单纯"主观评
价"。这个观点自相矛盾，不堪一击。

因为此处谈到的这个意见自诩有绝对的意义。它代表
着一种严格意义上的理论，亦即并不取决于个别具体的特
殊经验，但对所有这些经验都无条件有效的观念。于是，即
便根据这一假设，也还是存在着一条"绝对原则"；这里没有
断然否定一切原则的绝对性质，反倒暗示这条唯一的原
则——即全部的特殊事实仅有着相对的意义——具有绝对
效力。"绝对原则"的概念没有被完全剔除，反倒因为有那
些有限的，因而真正"相对的"个别事实作参照而保留下来。
可是一旦我们承认，具有绝对效力的原则，区别于那些只有
相对意义的有限个别事实，我们便不能停留于单纯否定"相
对事物"的绝对实体身份。我们接下来要做的事情，就是以
批判的方法彻底弄清前述区别。这样一来，我们将重新触
及苏格拉底（Socrates）的发现，他针对特殊具体经验的单纯
混乱状态，提出对这些经验进行一致处理和掌握的观念。
正是统一性的概念使得科学成为可能。其中以切实肯定的
方式蕴含着对"相对事物"的决定性整合，若没有这一整合，

我们只好停留于纯粹偶然事情的混乱不堪。

　　而我们没有理由不可以清晰理解，那相对于特殊事实而言的绝对一致观念的特性。首先以精辟形式这样陈述问题并首倡这一方法，确实而且始终是康德批判哲学的不朽功绩。在法律和社会生活的问题上，那位思想家只是点到为止。我们将试着在本书第十章勾勒一种思路，人们将能够据此应对前述问题。

　　我们绝不可能止步于所谓的纯主观评价。一旦有人希望确认，例如，以普遍有效的方式来规定"正当的概念"和"正当的理念"乃是"先天"不可能之事，那么他会痛心疾首地发现，作为对一切概念的普遍效力进行通盘质疑的人，他无法确立自己的命题。

　　于是，我们发现最近有一帮不可知论者，他们承认在个别问题的细节方面，尚能判定某个具体手段是否有客观的正当理由，而一旦超出这种有限考量的特定问题，就只剩下单纯的个人意见了。这种奇异的论断或许有心理学上的解释，即下此论断者成长于经验主义的不健全氛围，除了质料一无所知。若将此论断作为真正科学的根本方法，则令人感到不明就里。科学只能被理解为，在一切知觉和需求中达成完美统一的产物。这完美的结果纵然永远高不可攀，但我们还是得始终树立这一理想并孜孜以求。因为它正是前文谈及的"理念",并要被理解为对一切可能经验的绝对和谐的精神表象。相对主义不愿承认"理念",因而它既不充分也不彻底;下面的说法属于信口雌黄,即我们完全不可能通过澄清来领会"理念",以及通过澄清来领会在有限实在世界证明"理念"效力的可能性。我们倒确实可以证明相反的说法。这正是批判的观念论(critical idealism)的使命。

第九章　自由法运动

　　从东面一路趋近巴黎的观光客,会在离首都不远的地方经过一座小镇,名为蒂埃里堡(Chateau-Thierry)。这座小镇在古今军事史上颇有名气;人们也时而提到它是寓言作家拉·封丹(La Fontaine)的故乡;除此之外,人们通常对它知之不详。然而在现代,这座小镇却同法国法学联系在一起而备受世人瞩目。当地法院的审判长是马尼奥(Magnaud),他多年来奉行一种独特的司法路线。鉴于他所代表的理论方法,我们应该简要说明他的情况。[①]

　　[①]　美国法律现实主义者关于“马尼奥现象”的重要讨论,参见马克斯·雷丁(Max Radin),“蒂埃里堡的模范法官及其美国同仁”(The Good Judge of Chateau-Thierry and His American Counterpart),载《哥伦比亚法律评论》(*Columbia Law Review*,)1922 年第 10 卷,第 300—310 页。——译者

马尼奥之所以声名大振，起初是因为他以不同于法国传统的方式，判决了几桩"轰动性的刑事案件"。当年在蒂埃里堡居住着一名女工，她靠自己的劳动养活她自己、她的母亲和孩子。有一天她失业了，遂投奔一个家境殷实的面包师亲戚，寄望于从他那里找到体面的工作。他回绝了她的请求。这名年轻妇人在临行之际顺手摸走了一块面包，藏在围裙底下，但她此举却被逮个正着，遂被移送法院。依照诸多刑法制度，法院原本都可认定此案属于紧急避险。甚至1532 年《查理五世刑法典》（*Criminal Code of Charles V*）①第166 条规定的"极度饥饿时的盗窃"，也使法院可能对作案人从轻发落。可是《法国刑法典》未就紧急避险问题作出一般规定。在极其困难的情况下，司法惯例才勉强能够通过判定作案人因生计所迫身不由己，从而避开难题。马尼奥作为这样一起案子的主审法官，毫不犹豫、义正词严地放手作出判决。他在陈述上述案件的判决理由时指出：被告身为一个良序社会的成员，特别是一名需要养家糊口的母亲，竟然在自己没有任何过错的情况下被断了生路，这真是令人义愤填膺的事情；在这种情况下，法官应当对法律条文作出

---

①　《查理五世刑法典》，又称《加洛林纳刑法典》（*Constitutio Criminalis Carolina*），是由德意志神圣罗马帝国中央会议根据皇帝查理五世的命令，以帝国名义颁布的一部刑法和刑事诉讼法典。——译者

有人情味的解释；自己饥肠辘辘，兼之挂念亲生骨肉的安危，这必定使被告处于一种没有故意犯罪能力的精神状态中；综上所述，兹将被告无罪释放，不施加惩罚也不责令赔偿。

这里提到的法律人是一所初审法院的审判长。在它上面是亚眠（Amiens）上诉法院。后者所根据的前提有别于马尼奥的前提。它更加拘泥于法律，因此撤销了初审法院的无罪释放令，宣判被告有罪。但马尼奥可谓矢志不渝，他恪守自己的一般观念，并在各种刑事和民事案件里加以推行。有个可怜的乞丐因行乞而触犯了严苛的法国法，马尼奥将其释放，他不仅运用了前述判决所展现的他那套惯常论证思路，而且还颇有胆色地区分了"行乞"和"索要"；他还在一起涉及流浪者的案件里如法炮制。就民事案件来说，他允许那遭到欺骗和抛弃的未婚妻请求损害赔偿，《德国民法典》第1300条所认可的损害赔偿请求权即与之大同小异，《法国民法典》未就婚约之事作出任何规定，也不包含这一请求权。当涉及法国的几家大型铁路公司时，他强调有必要在运输契约的问题上限制契约自由。在夫妻财产法领域，尽管法国关于动产和取得财产的共有权制度规定丈夫享有这一权利，但他否定了丈夫的绝对控制权。凡此种种，不一而足。

马尼奥因为他那前卫的立场而毁誉参半。许多人的确视其为"模范法官"(le bon juge)，另一些人则强调他那些法律判决的主观任意性。1908 年，他本人有次在德国一家名为《晨报》(Morgen)的报纸上，较为充分地表达了自己所遵循的一般理论。凡以批判的眼光看待他那些言论的人，都不会感到满意。他一再强调慈悲心和人情味，但这并不能为我们所思考的问题提供任何有条不紊的明确解决方案。在社会生活中，对一方的恩惠可能仅仅缘于对另一方的剥夺，或者至少缘于另一方未能同样享有的恩惠。法官若是对某一方"仁至义尽"，则有可能严重侵犯其他人乃至整个社会的利益。我们在马尼奥所选用的口号里，找不到任何有启发性的阐述，让我们从中知晓在上述实际情况下理应追求的真正理想。是否可以通过更精当严谨的论说，来证成马尼奥各份判决的实际内容，这事在此无关紧要，用不着深究。这位审判长所遵循的根本思路问题，连他本人也没有交代清楚。

差不多二十年前，在德国出现了一种如今家喻户晓的趋势，名为"自由法"运动，它独立于"马尼奥现象"之外，而且实际上显然未曾听闻过"马尼奥现象"。对于德国的新私法法典所造成的法律状况，"自由法"运动的倡导者感到不满。他们主张法官应当有更多的自由，应当少受到制定法的羁绊。他们以感情用事的世界变革者擅长的强烈言辞，抨击特定的司法判决，抓住曾经或许发生的错误或狭隘的表述进行归纳，并最终寻求建立完备的立法理论和司法裁判理论，他们创制了前述"自由的"法律发现这一口号来描述该理论。

如今重读这些立论，谁都不免感到其中所表达的见解模棱两可。这不是转述者的错误。"自由法"运动的那些论点，事实上连其代表人物都没有阐明。因此，难怪那些讨论其学说的人会以为，自由法的拥护者想要让法官凌驾于制定法。于是，讨论的焦点便转向这样的结果是否值得追求。然而，他们究竟是否打算让法官与制定法之间的这样一种关系成为定论，却是不无疑问的事情；他们几乎肯定不会主张，法官有更改或废止制定法的实际权利，并且尤其值得一提的是，很难说"自由"法的目的是照搬罗马裁判官的职能之类的东西。

裁判官在漫长的历史岁月中，担当市民法的司法长官。裁判官主要活跃于罗马内政、外交的跌宕剧变期。雅努斯（Janus）的神庙在数个世纪的时间里一直开放，人们可以祈求和平；奥古斯都（Augustus）第一个有幸将其关闭。可是，风起云涌的内讧，围绕着包含在"市民资格"之中的贵族特权而展开。首先是旧贵族（特权贵族）与新贵族（非特权贵族)之中的争斗;然后,这些人又拧成一股绳,同第二等级的市民("拉丁人")和第三等级的市民("异邦人"),甚至偶尔同奴隶爆发冲突。在如此动荡的形势下,通过立法来推行彻底变革是不合时宜的。那时没有议会或者其他类似机构。就制定和更改法律而言,只存在着民众大会颁布的法令,这民众大会系由库里亚(curiae)、百人团(centuries)或部落选举而成。这样一来,在市民法的司法过程中发展法律以满足时代需要的任务,便落在了裁判官的身上。他被赋予这样一项权利,即但凡某个法律跟不上形势或者有缺陷,在任期内得依其自由裁量权违背该法律。该法律本身则原封不动。众所周知,裁判官只有执行权和司法权,没有立法权。只不过实际上经年累月之后,裁判官恰恰越来越多地沿用前任裁判官所签发告示的适当部分。

现代人暗自思忖,裁判官掌握着如此大的司法自由裁量权,罗马人当年是怎么与之相安无事的呢? 史学家告诉我们,对抗裁判官任意决断的主要保障措施在于他们所处理的一般都是轻微事务,这本身就在每个案件中构成一种制约。此外,必须定期在户外公共庭院公开诉讼文档;护民官还可能否决裁判官的命令,而且裁判官的渎职行为将面临严峻惩罚。而趋近罗马共和制末期的时候,一些旨在针对滥用裁判官司法管辖权的法律,走进了我们的视野。当时规定,每位裁判官必须恪守自己在任期间签发的告示,不得擅自违背之。

由此可见,罗马裁判官的活动,不能构成"自由法"运动所倡做法之样板。"自由法"运动的理念,是随机应变的"自由"法。倘若法官受到自己先前判决的司法拘束,这便不过是另一种对明确规则的依赖。可是,他的"自由"在于什么呢?他要免于什么样的制约呢?这么一来,他要借助于怎样的体系方法来履行自己的职责呢?

我们已经看到,"自由法"运动的代表人物未就以上相关疑问给出任何回答,从而没有以我们期待的那种清晰性断然证明"自由"判决的可能性。尽管事实上举证责任本来在他们那里,但我们还是要亲自考虑那种可能性。我们在这样做的时候,显然必须区分两件事:其一,"自由法"倡导者的实际需求,它与现行秩序相对立;其二,他们试图立足于"自由的"法律发现,以之作为理论上正确的司法方法。

(1)但凡处理或判定法律问题的人,都得始终考虑两种操作方式。首先,存在着专门的法律条文,也就是说,我们的宪法和法典的条款、那一堆特殊的法律法规、习俗和法律惯例中的固定规则。这些都可划归于严密表述的法(formulated law)。与之相对的是另一类法。后者所根据的命题是,在因为特殊法律问题而起的纠纷中,当事人、律师和法官本人直到出现纠纷的时候才可确定什么法律原则为案件提供了根本正当的判决。自古以来,该命题便适用于许多一致指示相同观念的措辞:良心、善良风俗、严肃的理性、道德义务、免于滥用、健全的自由裁量等等。我们把如此这般确定下来的法,称为凭靠选择的法(selected law)。

我们还需要对我们首先谈到的严密表述的法作出二分。严密表述的规则在施行过程中,时常带有绝对的拘束力。晚近的制定法,例如《德国民法典》第544条即规定:"住房或者其他房屋处于其使用显然有害于健康的状况时,即使承租人在订立合同时已知有此种有害状况,或者已放弃行使因此种有害状况而享有的权利,仍可以不遵守提前解约的通知期限而告知终止租赁关系。"制定法通常不允许铁路公司通过缔约来使自己免除特定的责任。罗马法和现代法都规定,凡契约条款约定债务人不对欺诈承担责任的,该约定无效("免除欺诈责任的约定是无效的")。但一般而言,严密表述的法不是僵硬的,而是灵活的。私人之间可以约定,按照有别于制定法条文的条款来处理某一特殊事项。此外,制定法仅在附加如下保留的情况下才提供裁判规则,即该裁判规则的个案适用结果不至于违背"良心"之类的东西,换言之,它不可以显失公正。

我们在此领略到,人们对"自由"法的渴望所内在固有的真正含义,即要求取消严密表述的法之中的强行法。所有的法无一例外都得是灵活的。在所有的情形下,人们作出的法律判定都要完全基于"良心",当然也就是说,都要视特殊情况而定。

乍看之下,这无可厚非,但它经不起批判的审视。许多法律制度的前提观念是,必须在形式上严守某些必要条件和结果,例如,汇票或支票。要是人们不理会这些在一定程度上取决于法律条文的形式要求,人们便要摧毁这些制度的本质。我们不能断言这将有益于法律秩序。法律手续与其他制度一道带给我们法律确定性。拥有土地登记体制的国家,便表现出这样的法律确定性,按照该体制,我们可以凭借一定的登记信息,推定某种法律关系的存在。其他公共记录亦如此,例如,商业注册、公司注册、夫妻财产登记。此外,我们在另一些情形下,也有必要采取强制性的形式要求,以杜绝(尤其在遗嘱条款中的)伪造。制定法的形式要求的拘束性,尽管总的说来确实在诸多方面造成不便,但它能够大大增进法律事务的客观确定性。关于时间问题的通常法定要求,一般不能被良心因素所取代。一个人是否达到法定年龄,不能完全沦为在个案中凭靠良心来决定的事情。我们需要有拘束性的一般规定,以便届时在特殊情形下允许例外的背离,例如,罗马法上针对未成年人而授予的

"成年人的基本权利"，以及现代法典中的相应规定。时效制度就其本身而言，其实在客观上不是没有可指摘之处。"哪怕延续百年的错误，也构不成一时的正当。"不过，由于渴求形式确定性，由于感到我们的权利主张不应一味拖延，由于那些日益淹没在历史中的事情的证据变得越来越不确定，我们不得不就各种情形确立形式上固定的时间限制，甚至不得不诉诸司法过程中的时效规定。

经验告诉我们，事实上所谓的"法律外行"，亦即那些仅仅偶尔在个别情形下处理法律问题的人，其非常倾向于坚持形式分明的考虑因素。这里我们只消想一想，平常的当事人愿意如何解释租赁契约、买卖契约以及诸如此类的东西。而且我们也不难理解，各文明国家在18世纪以后，都落实了"法无明文规定不为罪"的要求。任何人不得因行事有违良心而被剥夺生命、权利或自由；唯有制定法那具有拘束性的实定条文，才会为惩罚提供正当理由。在损害赔偿之诉中，情况则并不如此。为了摆平那众说纷纭的偷电问题，德国不得不在1901年出台专门的刑事条例，惩治盗用电力的行为。而我们无须求助于专门的法条来支持受害方的损害赔偿请求；《德国民法典》第826条的法律规定足矣："以违反善良风俗的方式故意对他人施加损害的人，对他人负有损害赔偿义务。"若把一切刑事法规单纯看作出于善意的临时表述,以至于我们通常可根据"自由判决",在法条之外,甚至违背法条来施加刑罚——此举是否妥当则甚为可疑。

一切文明民族的法律体系,都承认契约自由这条基本原则。这条原则常常没有被明明白白地写进法律。不过,罗马人的《十二表法》、《美利坚合众国宪法》第 1 条第 10款、1911 年《瑞士债法》第 19 条以及现行《德国宪法》(1919年 8 月 11 日)第 152 条,都提到这一原则。其他的法律体系预设了这一基本原则,并仅以施加限制的表述来指涉该原则。而立法者总是以双重方法来表述这些限制。他一方面规定,法律行为若要有效便不得"违背善良风俗"。但是他又在一系列专门条文里进一步规定,不得采取哪些行为,以免被归于绝对无效。例如,对复利(compound interest)的禁止;质权人在债务到期后不得将质物保留为自己的财产;私生子放弃未来被抚养权的行为无效;法律上不可放弃制订或撤销遗嘱的权利。在这些或许可以一直罗列下去的情况下,立法者依赖既往的经验。立法者要努力保护那些如若不然则容易被侵害的人,甚至不惜违背他们本人的承诺,为此目的,立法者求助于具有拘束性的明确条文。

经过上面的各种探讨,我们最终必定得出一项结论:立法者需要利用两种可能性,即创设强行性规则,并把对于根本正当原则的选择留给当事人自己。实际上,柏拉图在其对话《政治家篇》里,就看到并考虑了两种可能性。他强调了一个事实,即假如由一位凭借完善理智进行治理的王者担任我们的统治者(其中包括法官),那自然是上上之选。因为制定法不可能预先把握和规定所有可以想到的情形。另一方面,谁也不可能监护每个人的全部生活并为其规定恰如其分的事情。因此,我们在国家中的所作所为,就应该秉持我们在习武之时以及(更一般地说)在指导体育训练之时的做法;我们不宜为某个人的训练量身定制专门的规则,而必须切合许多人的需要来确定某种通例(《政治家篇》293b—301b)。此外,他在对话《法律篇》里提出:法律是人不可或缺的东西,人的生活必须接受法律的规制。因为神的恩赐,曾有始终坚持正当之举而无需法律的人降生于世——这样的说法不过是一场迷梦。因此,我们务必青睐规则和法律,"它们当然不可能应付一切情况,但却能为事情提供某种准绳"(《法律篇》874e—875d)。①

　　对于良好立法者务必利用的这两种可能性之间的界限,我们无法一劳永逸地加以确定。他得将自己的终极目

---

　　①　原文的出处标注是《法律篇》(874f),现根据约翰·M.库珀(John M. Cooper)主编的《柏拉图全集》(*Plato: Complete Works*)这部通行英译本修改出处。——译者

标时刻铭记心头,即捍卫和施行正当和正义。因此,有的情况下,他会为自由选择合适的法律放宽余地,而有的情况下,他会诉诸强行性条款。实际上,私人在处理自身事务时也总是采取相同的做法。假如像"自由法"倡导者所期望的那样,完全禁止立法者运用强行性法律条文以便塑造良好的社会状况,则是无与伦比的刻板限制。这样一来,我们的法律秩序将会发生动摇,而得不到任何弥补。

(2)"自由法"的趋势当然含有根本的理论内核。在观点和目标的每一种表达中,我们最终都会见到根本的理论内核。并且每个这样的根本理论要点,都取决于表达者的基本态度。不过,这种决定性的倾向当然往往未被清楚领会。此处所讨论的现代法学运动以为若是对案件作出"自由"裁断,则审判将受益良多。

这种观点倘若仅限于对抗那唯"通行意见"马首是瞻的做法,倒是恰如其分。当今人们张口闭口都是"通行意见",仿佛它们是占据支配地位的权威。不少关于新近制定法的评注之作,在解释要求根据"良心"或"公平"进行裁判的条文时,都会告诉我们:所谓合乎"良心"者,由关于"良心"的通行意见来规定。人们显然没有注意到这是一种循环推理,否则,一家最高法院就不可能反复宣称:何谓"正义和公平"的问题,取决于一切"正义和公平地"进行思考的人的分寸感。这种推理中欠缺批判的、合乎方法论的推导。

两家法院就同一争议点作出截然相反的判决,并且它们都以自己的意见符合"通行"观点作为判决的立足点,这是实务中司空见惯的突出景象。这有时出现在大家聚讼不已的问题中。于是我们看到,在讨论买卖妓院——其购置价格的确定,实际上特别考虑到房产本身的淫邪用途——的时候,一家法院基于"通行"观点,认为该买卖契约无可厚非;另一家法院则否定了该买卖契约的法律效力,并同样把"通行"观点作为判决结果的立足点。到底什么才是通行观点,很难通过实际测算来判定。所谓的"通行"观点,最终反映的正是歌德(Goethe)在《浮士德》(*Faust*)里提到的"有教养者的本心"。①

有的时候我们能够大致判定,就商业生活中特定法律问题的妥善解决而言,什么才是主流观念。我们还须认识到,制定法本身有时也会作出指示,要求顾及此类流行见解。例如,在判断某个附属物是否算作主物的"从物"时,不少制定法便要求考虑流行见解。于是,我们不妨去请教专业人士,比方说,征求商会或其他适格机构的意见。这跟我们必须服从作为拘束性权威的他人决定的其他任何情况,

_____

① 参见〔德〕歌德:《浮士德·悲剧第一部·夜》。——译者

没什么两样。罗马人从奥古斯都时代开始便认可"法律解答权",法院据此受制于几位特权法学家的意见。在德国,由专家认证司法意见的办法实行过很长时间。涉诉各方当事人可以提请法院将诉讼记录移交某个法律系,该法律系的裁定对法院有约束力。① 因此,现代制定法极有可能告诉法官:关于这个或那个问题,你不得自行决断,而须参酌商业生活的相关惯例。

而鉴于法官自认为受到该制定法的约束,他便不得不放弃自己的判断。某种观点纵然是"通行观点",也仍有可能乏善可陈。在"通行"观点的左右之下,什么样的迷信蒙昧和狂热荒诞我们在历史上没经历过! 当我们按照保罗《哥林多前书》以来的古老风范,谈论法律行为或恶行不得侵犯的"善良风俗"的时候,②应把侧重点放在第一个词而非第二个词上,也就是说,关注风俗是否善良。而唯有作为立足点的批判性方法和省思,才能以令人满意的终局方式对此作出判定。同柏拉图所称的勇毅美德相关的,其实是追求那被承认为正当之事的决心。康德在追问何谓"启蒙"之

① 参见〔德〕施罗德:"19 世纪的德国法律科学:理论及其与法律实务的联系",傅广宇译,载米健主编:《中德法学学术论文集》(第二辑),中国政法大学出版社 2006 年版,第 116—120 页。——译者
② 参见《新约·哥林多前书》15.33。——译者

真义时,允当地说起这一点:"要敢于认识(Sapere aude)!要有勇气使用你自己的理智!这就是启蒙的格言。"①

言归正传:现代法学中的"自由法"运动,即便在一定程度上对抗了那唯"通行"观点马首是瞻的做法,而且它在这方面的争辩确实可圈可点,但它仍然错误地自以为凭借对"自由"裁判方法的呼吁,便提供了化解难题的确然方案。主观臆断是要不得的;一旦有人仅以"我就乐意为之"来捍卫自己的判决,那么,这种情况至少是不幸的。法官的宣判必须是客观正当的。不得将东方的"卡迪司法"(Kadijustice)——即"意愿取代了理性"——移植到我们的土壤上。但除非遵循明晰的方法,否则我们无从保证作出客观正当的判决。说不清、道不明的"情感"是不足为训的,这一点我们在第二章末尾已经阐明。因此,一切归根结底都须仰赖关于如下事情的清晰领会,即对法律意志的客观正当性进行证明的可能性。

---

① 参见〔德〕康德:"回答这个问题:什么是启蒙?"(1784 年),载李秋零主编:《康德著作全集第 8 卷:1781 年之后的论文》,中国人民大学出版社 2010 年版,第 40 页。——译者

第十章　批判的法理论

前面的整个探讨告诉我们一条结论,即任何学说若要担当法的支撑性原则,就必须提供明确的论证。而我们唯有把关于法的省思融入整个科学的一般架构,才可能作出这样的明确论证。因此,苏格拉底在发现科学的可能性之时所勾勒的基本观念,便是我们的出发点。众所周知,他把人的整个精神生活分为两类。人的整个精神生活要么是杂乱无章的,完全由一个又一个零散的观感和愿望所构成,要么依照一致的规划得到整理。后一种情况所提出的任务便是根据一种得到绝对规定的方法来统理每件事。科学探讨的特性,就在于对意识的这个或那个部分作出一致统理的观念。故而,希腊人掌握了"科学的概念",但没有进行充分阐发。诚然,他们为数学奠立了不容动摇的基石,而且柏拉图置放在学园入口处的箴言也是如雷贯耳,①但是,数理性的自然科学历经漫长岁月,直到现代才臻于全盛。古人的主要兴趣在于广义的"伦理学":也就是说,关于人的意志的学说;或者稍微限定一下,是指关于正当意志——与错误和邪恶的意志相对——的学说;或者再限定得严格些,是指关于善良内心生活——与外在行为相对——的学说。苏格拉底如下广为称引且经常遭到误解的命题,特别适用于"伦理学"领域,即我们能够证明某个愿望的内容是否正当。

与此同时,就精神生活的发展而言,在古代出现了人们坦然承认的诸多缺陷。希腊人尽管天资甚高,为人类缔造了绚烂璀璨的原创性成果,但他们只掌握了几乎不值一提的技术性法学。他们在对目的作出规定以及在省思人类意志的正当性的时候,径直遁入"理念"的王国。而他们的实际兴趣都放在城邦中的政治和公共生活上面。因此,他们没有致力于按照条理分明的方式,阐述关于"法的概念"和现行法实际特点的必要的支撑性概念;也就是说,他们没能缔造一套兼顾法律的概念结构和历史演进的法律科学。甚

———————————————
① 即"不懂几何学的,不得入内"。——译者

至更加要命的是,希腊哲学虽然热情洋溢地说起"正义理念",却始终未能准确得体地界定这一决定性观念的本性。柏拉图《理想国》的第一卷尤其如此。这位思想巨擘清楚地表明,正义的本质不能是什么。他告诉我们,假如让国家单纯立足于个人利益的总和,则我们无从形成良善的社会状况(参见前面第三章)。可是我们没能得到如下问题的答案:那么我们须根据怎样的主导思路去寻求那"理念"的意义?

罗马法学家的讨论结果如出一辙。与希腊人不同的是,他们致力于建立实定法的科学。他们清晰地洞察无限繁多的法律素材。他们得以将这整个素材进行准确的体系化处理,归入若干指导原则,并按照一致的方式对其展开刨根究底的分析。而且,他们凭借异乎寻常的直觉,在他们的法律言辞和法律意见中追求根本的正当性。可是,在他们的思想遗产中,我们找不到关于"法的概念"和"法的理念"的明确理论。

到目前为止,我们的讨论表明,纵然到了更加晚近的时代,我们也没有达成更妥善的结果。在中世纪和现代,为求得关于法律思维的基本概念和原则的可靠理解所付出的努力,不得不克服重重险阻。只有在康德的批判哲学为真正的理论思辨奠定了可靠基础之后,这才可能办到。康德坚

称,每当着手展开一般的思辨,我们都务必扪心自问,我们
按照所采纳的省思路线可否指望获得确定的结果。他要求
把达成普遍有效原则的必要条件弄清楚。坚实的哲学思辨
的特性和本质,正在于理解那一致统理的确定方法。不过,
在法和正义的事情上,康德并没有一如既往地贯彻他在自
然科学和伦理学方面的成果。他的阐述遵循着旧式自然法
和理性法的路子。他没有引入批判哲学那具有生产性的
(productive)方法论观念,也没有提出由法律观念和法律判
断的纯粹形式构成的体系,反倒立即致力于展示一些有着
绝对效力的特定具体命题——提出关于货币和版权法的理
论,说遗嘱有着根据自然法的"先天"效力,等等。① 他的后
继者们基本上拘泥于这种方法。

　　现在我们试着按照前述思想大师们的意思,阐发一套
确定的法哲学体系的根本观念。批判的法理论——我们整
个阐述的核心主题就是把它交代清楚——有着方法层面的
如下特点:(1)区分形式和质料;(2)区分"概念"和"理念"。

　　(1)若想把纷乱杂陈的事物理出头绪,我们就必须按照
一定的计划进行。我们无从整理图书馆或档案,除非为此

---

　　①　参见李秋零主编:《康德著作全集第 6 卷:纯然理性界限内的宗教　道
德形而上学》,中国人民大学出版社 2007 年版,第 297—306 页。——译者

采用条分缕析的体系。人类精神生活的内容何尝不是如此？如前所述，支离破碎、七拼八凑是要不得的，务必根据根本上成体系的方法进行整理。倘若我们有的时候遵循这种整理方法，有的时候又采用那种整理方法，则我们绝达不到秩序和统一。依照旧式的说法，我们把逻辑统理的方法称为观念的形式，把据之整理的思想内涵称为观念的质料。

上述意义上的形式与质料的区分，是求取完全清晰思维的敲门砖。人们倒是始终认可这一点，但与此同时人们也常常严重误解该区分。

我们不要以为，形式与质料的对比，乃是关于二者实际为人感知的分离状况的精神表象。它们都是一切关乎实际事件的观念的本质要素。它们始终形影相随，哪一方都不先于另一方而存在。我们尤其不要把形式设想为现成的容器，似乎可将某种质料灌注其中。既然我们已经说过，二者反倒仅仅如影随形地出现，要发现二者就必定涉及对既定综合（synthesis）的批判性分析。该综合的发生过程问题，并不牵扯体系分析问题本身。就此而言，体系性的省思过程和发生学的省思过程分道扬镳。照当前讨论的宗旨，我们得从如下命题出发，即我们的观感和愿望在我们的全部经验里始终综合在一起，而且我们能够从这些复杂的经验中，一方面区分出进行一致规定的统理方法，另一方面区分出由那些方法所规定的特殊事实。

　　由此显而易见的是，把形式同"内容"对立起来是不妥的。观念的内容是该观念据以区别于其他观念的特性。正是在这内容中，我们才能区分出形式和质料。可见，这里所涉及的问题不在于语言的用法，而在于我们对自己的思想内容展开批判性分析之时，实际上须区分三个不同"概念"：观念本身的既定综合对象，以及在它之内的形式和质料。

　　同样由前述内容可知，我们在澄清形式要素的时候，亦即在澄清逻辑上有决定性的统理方法的时候，并不牵涉任何诸如天生"精神形象"的东西。如前所述，我们的讨论并不考察我们心中的观念内容来自何处，而要考察它是什么，亦即我们如何清晰且一致地把握它。再者，"精神形象"的内容中，没有哪个可说能被证明是"天生的"。每个观念的内容首先取自我们的生活经验过程。唯有获取这种观念内容的禀赋，才可被视为天生的东西。

　　形式作为统理的方法，可以拿出来单独讨论；质料作为方法论上受规定的观念成分，不可以拿出来单独讨论，因为这里我们一旦撇开那使整个观念对我们而言有意义的条件，必定摧毁整个观念。当我们谈及法律上的质押制度、劳务契约制度、遗赠制度、夫妻财产权制度、纵火罪制度，或者谈及司法程序的特征，总是在逻辑上预设"法的概念"。一旦从中剔除这个"概念",我们必定同时丧失该精神表象的其余部分。然而,我们很可能清晰地阐述"法的概念"本身,而不考虑质押和劳务、遗赠和婚姻份额、纵火或者司法程序。我们不妨这样来表述批判性方法所要求的判断标准:观念中的哪些要素对该观念的其他成分来说,在逻辑上有决定性,也就是说,如果我们不想丧失所讨论的整个精神表象,就不能将哪些要素撇开不谈,反之亦然?我们可以略去该观念的哪些构成要素,而留下某个其他要素单独讨论?

假如我们按照这种方式展开批判性的研究,则显而易见,形式这个概念能够在同一事物的讨论过程中出现多次。买卖契约这个一般"概念",是每次买卖的逻辑前提,故而我们能在每次买卖中清楚地区分出形式和质料。不过,买卖契约这一"概念",从属于契约这个一般精神表象,而后者同其他所有特殊的"法律"表象一样,最终从属于整体上的法观念。于是,我们可以把观念的形式方面,亦即逻辑上的先决要素,进一步划分为有限形式和纯粹形式。前者依赖其他的高级形式。每当把某个可从感觉上把握的对象纳入其精神表象,我们便得到了有限形式。而纯粹形式不过是观念上的统理方法,例如,法和正义的观念。

根据上述论点,"能否存在具有绝对意义的认识"这一众说纷纭的疑问,便水落石出了。答案是:绝对的效力为纯粹形式的体系所有,整个智识生活单单据此便可获得方法论上的统理。另一方面,唯有出现这种统理的时候,一切得到整理的意识才可能是客观正当的。意识其实包含着不断改变而且也可以改变的、附条件的认识素材。新的观感和愿望络绎不绝,鉴于它们的特征由其特殊质料所规定,它们迄今不为人知,而且它们现在要求更改现存的知识;即便面对恒常不变的素材,关于该素材的理解仍有可能借助进一步的反思而得到矫正和改善。不论哪种情况下,都存在着严格意义上的所谓科学进步。而就法律来说,这些点评确认了前面第三章关于理性法之可能性的见解。旧日那旨在获得一种内容有限的理想法的努力,是"竹篮打水一场空"。内容题材真的有限,而却又适用于一切时代和一切民族——这样的法律是无从设想的。观念的绝对效力只能归属于纯粹形式,在法律问题上亦然,而我们正是凭借这些纯粹形式,依照确定的一致计划来安排法律经验的。

(2)法学思辨的纯粹形式是"法的概念"和"法的理念"。

前面我们已经充分说明了"概念"和"理念"的区分(第三章)。这里简要重申一下,"概念"是各个对象的共同规定性特征;"理念"则是指一切可想见对象之统一性的精神表

象。"概念"问题在于认清不动摇的类特征,以便据此规定
关于特定对象的一致精神表象;"理念"问题在于使得一切
可能的观感和愿望,在总体上成为反思对象。由"概念"所
规定的每个对象,都恰好完全对应着"概念"。"概念"在每
一次显示中得到完全实现;容我再次提醒一下,"理念"当然
不能经由感官来把握(仿佛它是有限的对象),并且"理念"
从不落实于现实的经验,而只可被当作固定的基点,相当于
一颗虽遥不可及但却提供可靠指引的星辰。

就法律而言,我们即将看到上述必要区分如何变得具
有生产性。

在操作之时务必谨记,在我们省思的两个层面——即
范畴层面和理想层面——我们的努力要想真的"开花结
果",我们就只能把统理的纯粹形式作为我们的研究主题。
因此,在描述法的"概念"和"理念"之时,但凡在质料方面附
条件的一切东西,我们都得排除。

这样的做法并不因为如下事实而变得容易,即我们一
旦追问"法律"所表达的固定概念,就会发现人们都在两种
不同的情境下使用"法律"这个词。首先,人们通常假定存
在着一种抽象观念;这便涉及对形式性观念进行分析的问
题,而全部的具体经验,正是仅仅根据那些形式性观念而得
到有序整理。其次,存在着该抽象观念在特殊努力中的适

用。这就催生了实定法。而"实定"这个属性修饰词,意味着有限的意志内容获得了法律的指定。因此,抽象的法概念作为人类一部分努力的不变特征,显然必定支撑着实定法。故而,我们致力于阐明这种先决性统理方法的本性之时,便有意识地集中考察那抽象的"法律意志"概念。

考察"法概念"的那些人,大都没有这么做。他们在试着进行上述阐明的时候,仅仅描述依他们所见在历史经验中表现为"法律"的东西。而且他们殚精竭虑地进行一种没有出路的基础探讨,即经由同一公式,从本质上表述抽象的"法概念"并兼顾它的历史适用。他们尤其寻求把一条法律的实效性纳入"法概念"之界定。然而,意愿的实效性是指,在看得见、摸得着的实在中贯彻该意愿的可能性。这种实效性在每一种可进行抽象分类的意愿那里,都可能存在:既在伦理教义中,也在约定俗成的惯例中,既在法定条文中,也在专断的暴力行为中。于是,假如我们希望表达某个"概念"的恒常特性,以便据此使之区别于同一种类的其他"概念",那么我们就不得将它们共有的可能性,作为在本质上有决定性的要素引入概念界定。后者这种错误就我们的宗旨来说非同小可,因为"法概念"的类特征问题所考虑的其实是知识的批判,而意愿的实效性则牵涉心理学探讨。须知后一问题的要点不在于概念内容的客观性质,而在于把它同主观上受到这个客观预设概念之影响的特定人关联起来。

我们这里不便详述那抽象的法"概念"的恒常特性；我们只能将应当遵循的考察方法勾勒一番。

人类经验的形式虽然异彩纷呈，但无外乎感知和意愿两大类。当下要么由过去所规定，即作为某个原因的结果；要么由未来所规定，即关乎目的之实现手段的选择。没有第三种可能性。而法属于意愿的领域；法的"概念"完全超出关于外在有形世界的单纯感知。因此，我们必须顾及普遍有效方法的可能性，澄清目的概念和手段概念的彼此关系。首先我们发现，个人表现为纷至沓来的目的和手段的单元，抑或不同人的目的将成为彼此互惠的手段。我们在此并不打算考察任何特殊的意求内容。第一种情况涉及个人的内心生活，而道德，严格说来，其任务就在于规制个人的内心生活；第二种情况涉及一群人的共同体生活，这便提出了社会问题。法毫无疑问属于社会意志的范围。而抽象的"法概念"是依如下方式得到的。一群人的目的联合体，隐含地向这群人施加了一种外部规制。而这群人之服从此种外部规制，要么以一种客观上经久的方式，要么根据因时而异的主观兴致。这种主观兴致可能属于一群个体，也可能属于发布命令的第三方；前一种情况是没有任何实际拘束力的、单纯约定俗成的规则,后一种情况则是主权者——无论主权者是谁或者包括多少人在内——的专断命令。只有当我们拥有了客观上经久的社会联合类型,我们才算得到"法的概念"。因而,法表现为用于统理意识的纯粹原则体系的必要组成部分。但与此同时,纯粹形式的概念退出了此处表达的思路。让我们迈进一步,离开对于如下事情的抽象省思,即目的—手段方面的形式性指导原则彼此之间可能有着怎样的关系,而进入可以现实感知的欲求对象领域。可是,法本身——就其抽象概念形式而言——表现为一种有别于伦理、规约或专断意志的人类意愿。法意味着不可违背且至高无上的、起联合作用的意志。

"正义理念"的情况则有所不同。我们曾经说过,这里的问题不在于按照明确而有限的类特征作出上述意志分类,而在于将欲求的全部可能性纳入唯一和谐的意志领域。我们从完美和谐的观念出发,它存在于一切可以想见的意志内容的无限整体之中。因此,某个特殊愿望的内容具有根本正当性的条件是,在我们可能了解的范围内,它和谐地嵌入各种目标的总体。这只有当个人意志的至高法不由纯主观欲求所担当的时候,才是可能的。诚然,人类生活的历史现实中,仅仅存在着附条件的目标。一切愿望的现实表达都是有限的;主观的渴望和欲求是我们无从回避的质料。

然而,这里的问题不在于所欲求的对象的质料,而在于寻求一种具有统合作用的观念,从而可以按照个别欲求的至高法,将所欲求的对象全部囊括进来。我们在此不得忽视如下区分:要么制约一个人的最终观念,即是他个人对特定欲求对象的渴望,要么他在同所有其他意志内容完美和谐这一理念指导下,以普遍有效的方式调整自己的意志。

在日常生活中,这种省思当然是不经意间进行的。谁若是为人处世"公允无私",若是"毫不利己、专门利人",甚至"牺牲小我、顾全大我",便会得到众口一词的称许。不过,在批判的省思中,此类事例并不总是派得上用场。人们通常过分拘泥于在质料方面附条件的考虑因素。但是,我们现在希望发现和澄清那绝对一致的观念,以便得以据之调整一切可以想见的欲求。而按照批判哲学的整个基本观念,我们在这样做的时候,既不打算抛出新的道德原则或者诸如此类的东西,也不打算为意志和行为设置先决条件;我们只想清晰地提出每个有思想的人已经拥有的那种根本判断,他虽然反复践行那种根本判断,但大多数场合对此并不了然。哲学研究者的任务不是缔造新的教条,他的使命可以说是"睁开践行者的慧眼"(ouvrier les yeux)。

当某人被指定为孤儿的监护人时,他必须扪心自问:他要把被监护人送去什么学校就读,他要为这个孩子选择怎样的事业,总的来说应该如何对其施教。我们不可能对所有孤儿一刀切地规定这些事情,但我们岂可因此认为只能存在因人而异的"相对"考量? 难道没有据以描绘每位"监护人"职责的一般义务吗? 对于孤苦伶仃的孩子来说,监护人应当成为忠实可靠的引导者,怀着诚挚的心为被监护人谋福利,兢兢业业地进行监管。其实每个职位都存在这样的一般义务。一种形式性的观念支配着每个职位,它提供了恰如其分的判断基础,以便我们认定某人尽职尽责,抑或玩忽职守。人们对于公正无私的法官、德高望重的商贾、英勇无畏的军人等等,都怀有一定的精神表象。现在问题来了:什么观念作为普遍准绳适用于人的一切意愿? 答曰:意志纯粹性的观念。我们把一种免受个别意求者之特殊限制的意愿视为标准。我们这样做的时候,并不认为人们的愿望分为两个范畴,即附条件的意志和纯粹意志。我们已经说过,经验世界里只存在着附条件的意志。而一致统理的方法——套用学术语言即纯粹形式——要求纯粹意志这一指导观念,后者作为普遍的标准,能够独自提供绝对一致的立场。

必要的初步交代,到此告一段落。我们只需利用业已奠定的基础,界定"正义理念"。在这样做的时候我们务必谨记,意志纯粹性的观念作为关于愿望的统摄一切的法,当然能够适用于所有类型的人类意愿，即便后者因为概念上的类特征而彼此有别。法律意愿的要义在于，将各种目的联合起来作为彼此的互惠手段。那么，假如我们要以纯粹的方式判定和调整这种联合，则单纯主观上有效的个人愿望不可能具有决定性，不可能成为据以规定那些经过统合的意志内容的终极尺度。这里其实出现了同样的事情，即这番省思只不过表述了每个人谈论"正义"之时，在潜移默化间已经拥有并适用的观念。大家坚信一个人不应遭受他人的私自欺凌，坚信所有人都必须相互尊重彼此的利益。于是，我们得到了纯粹共同体这个基本指导观念。它只是一种理念，从来没有出现在经验中，也绝不会出现在经验中。如前所述，理念的形象宛若那天上星辰，人们守望着它以便在前进时获得实际的指引，而且处于一种始终受决定的给定状况。因此，"正义"就是依照纯粹共同体的观念对特殊法律意愿作出的调整。

以上便是批判的法理论的根据。倘若以这样的方式提问，并遵循这里指明的方法，那么，任何有思想的人都可在此基础上进一步发挥。他会更着力贯彻前述指导原则，从而更清晰地体认"法的概念"，并且他会观察到"法的概念"在人类史上出现的途径、时机和环境。他也可能反思纯粹意志这一"理念"的意义，这涉及对其影响的全方位考察，尤其涉及它在法律事务以及一般社会生活层面的意义。这些东西属于"海阔凭鱼跃"的领域。法哲学的传授者仅限于提出一些可能性,方便每个人理应勉力而为的自我启蒙。追求的过程难免遭遇波折坎坷,呕心沥血是达到目标的不二法门。因此,"幸福在于自强不息",大家不妨据以为慰。

第十一章　论法哲学的问题与方法

一

　　但凡哲学的讨论，都要求准确考察正确的提问方式和根本的论述方法。纯经验的工作则未必如此讲究。后者有它固有的特定素材，对其展开审视和分析，并能够始终恪守之。纯经验工作的开展，不用太在意一切科学工作的和谐匀称。而且，有的理论家只想保持和恪守他们的专攻学科的必要条件，总的说来，倒也以此为足。

　　严格意义上的哲学思索则截然不同，法哲学也不例外。在这个领域，我们若不对其中涌现的全部问题有通盘了解，那简直可以说是举步维艰。而这意味着必须有意识地阐明基本问题和根本套路。

因此,差不多可以说任何严肃的法哲学,都首先绕不开那重中之重的方法问题。目前已经出现一大批引人入胜的研究,把这里谈到的方法问题作为讨论的中心。吴经熊博士最近在其"霍姆斯法官的法律哲学"(The Juristic Philosophy of Justice Holmes)一文中,精妙地评判了这个问题,文章发表在今年三月的《密歇根法律评论》(*Michigan Law Review*)。这篇文章理应得到赞誉。它把握住了问题的根本,行文痛快淋漓、观点鲜明。而且令人欣慰的是,这篇文章是在法哲学的范围内讨论问题,随着法哲学的重要性和影响面与日俱增,我们可望获得整个人类进步的最强大助推因素。理论统领着世界,这里的"理论"是指一种作为先决条件的统一视域,每个进行思考的人都据此统理、调整和规定那特殊的经验材料。每个进行思考的人都依赖这种统一性,无论他是否意识到这一点。我们有必要批判地考察这种统一的调和方式。

二

不难想见,即便在法哲学的反思中,我们也要首先考虑我们所接触的特殊事情。每个人都在法律的空气中呼吸;他在法律之中生活、运动和栖身。他在实际经验领域里攒下点点滴滴的法律知识,并将其适用于特殊情形。这些碎片形成了我们所谓的法权感。有人把它称为"自然的"法权感。它同日常生活的事物和事实有不解之缘,并对这些东西下判断。正如美国首屈一指的法学家霍姆斯法官所言,它是"关于法院未来实际举措的预测"。

但其实没有哪个人呱呱坠地的时候就具备法权感。襁褓中的婴孩哪里晓得什么法和正义。再者,这种情感的发展并不遵循能够进行严格科学设想的、预先决定了的那种一致过程。每个人都身处不计其数难以驾驭的复杂状况中。因此,任何努力若是满足于建立在这种法权感的孱弱基础上,必定停留于偶然性和单纯主观性。

有位现代法学家提议,我们应当从文化规范出发,但这并不能使我们摆脱此处的困境。文化规范是一定规则和诫命的集合体,被认为可在国民中以说得过去的共识得到表述。但这样一种共识自始就显得飘摇不定。诉诸投票是不可取的,而果真尝试投票的话,最终结果也将是令人绝望的混乱。我们不能指望通过主观性之累加获得客观性。

客观正当的概念由苏格拉底提出,并在柏拉图《对话录》(Dialogues)中得到发展,它是质的概念而不是量的概念。它是人类知识和意愿的一般属性。但凡客观正当的概念富于成效之处,它就作为给定的东西将经验的特殊素材组织起来,纳入统一性的概念。因为这种统一性的思想,是人类整个认识与追求的最高终极理想。而我们的问题在于清楚地提出若干经久不变的条件，以便能让某种观感或愿望同其他素材建立根本的和谐。

斩钉截铁地断言我们必须考虑文化规范，这并没有切中要害。谁若止步于这番断言，就没有洞悉问题的根本。人们可以随心所欲地定义"文化"：人们无论愿不愿意，总是预设"文化"是对客观正当的追求。有人断言"文化"是对有价值事物的追求，这表达的也是同一层意思，因为我们通过这种断言，获得了藉以衡量价值的客观标准。

三

有一种与此形成对照的独到思路，把探求法的存在作为自己的出发点。前面提到吴经熊博士的那篇论文，便体现出这种思路。

它寻求关于法律事物的一般有效知识的可能性。只要它关涉法律问题，它便引入了特殊概念；因为法律问题必定同人类致力于探索的一切其他问题区别开来。可是，只要它处理一般有效的意义，它便凌驾于一切特殊诫命和学说的立场。只有把法律思想的纯粹形式作为讨论对象的法哲学，才能履行这项使命。我们得简单说明这一要点。

我们可以把我们的全部经验，视为以和谐方式环环相扣的东西。自然现象便是如此，人的愿望和欲求亦然。它同样适用于我们力求确立为法律概念的那些概念。为了清楚地理解我们精神生活的素材，我们必须分析它。但如果不先有综合，我们就无法对它进行分析。我们只能解开原本扣合在一起的东西。

哲学中的批判性考察因为强调这种方法论思想，所以其有别于单纯分析性的考察；进而，批判的法理论有别于分析法学。鉴于后者主张一切都取决于分析，它忽略了支撑性的综合这一必要前提。然而，我们唯有通过综合，才会充分阐明科学研究和剖析的问题，也才会获得根本的推进方法。在批判性分析中，我们绝不会无视综合，如前所述，综合是一切分析的必要前提。

按照这种思路，我们能够在我们考虑的每件事里识别出两个方面。

1. 任何关于特定对象的概念，其中一个要素就在于这个特定对象的独特性。此即我们生存的唯一的有限性素材。它们是能够被感知的。这是它们的特性所在，对某些思想家来说，这也是它们的力量所在。另一方面，这同样是它们的薄弱之处。

这些特殊事物正因为有着更直接的表现形式，所以对许多人而言分外有意义。思考者的每一次反思都从感觉出发。他的兴趣不断受到感觉的拖累；他实际上被感觉缚住了手脚，无法完全解脱。

正如《浮士德》的作者所言："我们还剩下一副尘世的皮囊，艰难负荷着。"这就是我们生存中的感官要素的力量。

为进行批判性分析之便，我们称其为我们生活的质料。我们的质料概念源自古希腊人。正是他们把世人的目光引向这一到处渗透的区分，一切堪称"科学"的东西都与之唇齿相依。

2. 然而，质料本身是孱弱无能的。它是要经我们之手加工的材料。谁若把质料奉为自己的女王，就大错特错了。质料是盲目的；它本身的生命力严重不足。它必须被赋予一种形式，才能变成某样东西。

于是，与质料相对的形式便登场了。形式是调整的方法。形式的任务是按照统一方式，对看得见、摸得着的素材进行规定和调整。同样还是希腊人明确地理解了这种必要性，并清楚地阐明了它的特点。

简言之，形式与质料之分，是一切基于批判的科学的必要根据。

四

每一种意在再现和牢牢把握特定事件的观念，都蕴含着我们刚刚提到的这两个要素。不存在无形式的质料，而且我们唯有在实施过程中才能观察那调整和统理的方式，这种方式被称为形式。

　　同我们前面关于质料的评论相呼应，形式的特定本质既是它的力量之源，对很多人来说，也是它的孱弱之源。

　　形式的力量取决于它是统一性和秩序的条件。没有形式的质料，不过是暧昧不明、杂乱无章的东西。再者，我们无从设想没有形式的质料。但凡得到命名和构建的质料，势必体现出作为引路天使的形式。

　　但须谨记，形式无非是有条不紊的统理和安排方式。形式并不脱胎于看得见、摸得着的实在。或许正是由于这个原因，形式在不少人看来捉摸不定。他们宁可埋头分析质料，殊不知若没有形式性程序，就绝对完不成这项任务。故而，须凭借慧眼到处去辨认并区分形式和质料。比较善于观察感觉世界的人，寻不到形式的踪影，这种情况屡见不鲜。此即苏格拉底之劝诫——"认识你自己"——的用意。因此，主要任务不在于发现新的质料，我们单靠后者创造不出任何东西。我们生活的质料随时恭候我们的处理；从本性上讲，这质料按一定的形式呈现给我们。其实主要问题在于，借助我们所说的批判性分析，令我们自己意识到形式性的统理方式。

　　我们在这样构思的时候，直接触及进一步的重要区分。存在着两种形式：(1)附条件的形式；(2)纯粹的形式。

附条件的形式是整理有限事件的方法。它是特殊对象
的统一化概念。"狗"这个概念是个附条件的形式。它规定
着特殊观感对象的质料。因此,所有关于看得见、摸得着的
对象的概念,都只是附条件的统一体。我们有时把它们称
为"经验的"概念。它们的准绳见于如下事实,即在那有限
的观感(sense impressions)之外,它们其实别无意义。与之
相反的是我们的知识和意志的纯粹形式。这些纯粹形式是
适用于一切经验的统一方法。它们不是特殊观感的认识条
件,而是整个知识的可能性条件。例如,原因的概念是认识
的纯粹形式,因为它是对一切外部世界变化的方法论统理,
无论要加以统理和安排的是什么观感。附条件的形式和纯
粹形式之间的这种区分,自然对我们的主题——法哲学的
问题和意义——有着根本的重要性。我们现在转向这一
论题。

五

须注意,在我们法律世界多姿多彩的生活中,每个人最
初接触的都是范围有限的特殊问题。我们要处理一定当事
人之间为特殊对象而发生的纠纷。他们寄望于实定法规,
而实定法规总是将内容化整为零。即便渴望审判的公正,
我们其实也总是停留在相对笼统的表述。

专心致志地钻研这些法律实务问题,当然不是令人兴

味索然的任务。"实践"乃是个案的展示,这些有限的个案直接映入观察者的眼帘。我们在本章第二部分谈到的经验的蕴涵(empirical undertone),很容易同这种实践活动联系起来。有人甚至试图从这种关于特殊问题的有限探讨,发展出一套理论,这种理论被称为"经验主义"。一些人相信,他们单凭经验性概念,就能达成令人满意的解决方案。

不过这是错误的。但凡抛出一套理论——经验主义者就是这么做的——我们必然要着手建立科学。然而,不借助于具备绝对效力的绝对可靠的方法,就不可能有科学。在追求科学知识(这里指关于法律的科学知识)的同时,却拒绝纯粹形式的体系,这属于"论点间的自相矛盾"。

所有这些尤其可以适用于法的概念问题。法的概念将全部"法律"经验整合为统一体。它是本章第四节所示意的纯粹形式。法的统理方式代表着人类意志的形式属性之一。于是,我们的任务就在于准确描述概念的特性。也就是说,我们必须明明白白地揭示一种统一的思路,这思路是只要我们打算系统地探讨法学就必须遵循的。法的本质将藉此彰显,因为事物的本质就是它那些经久规定性的统一。

但思维和努力的每一种方法,只在其具体适用的时候成为看得见、摸得着的东西。故而,除非法的概念能够把握人类意志的特定方式,并为之提供标准,否则,法的概念就没有什么意义。我们在这番考察中,触及"法"这个词的第二层意思。

六

"法"这个词的第二层意思,是指特殊的制定法和判决。当我们考察恰好具有"法律"秩序特征的一定社会秩序的时候,便用到这层意思;它的表现形式包括法典条文、法律主张和法律反驳、司法判决或行政条例。所有这些都被冠以"法律"之名。

上述表现的本质特点在于,它们事实上宣布了某种具体意志。这里涉及有限的愿望,即所谓的"法律"愿望。于是,它们全都是彼此紧密关联的观念。如我们所知,它们由两个要素组成:(1)从质料的角度看即具体意志;(2)从形式的角度看即它们的"法律"属性。

我们也不妨这么来看待该问题:所有的法律努力都表现为形式性的法概念的实际运用。形式性的法概念是一切制定法和判决的逻辑预设。如我们所知,它是一种纯粹的形式,是作为逻辑先决条件的方式,五花八门的素材据之而得到整理。清晰自明地理解方法论模式——依学界惯例被称为纯粹形式——而又不联系到它的任何实际应用,这是完全可能的事情。另一方面,展开这样的具体应用而又不牵涉所应用的逻辑形式,则是绝无可能之事。我们可能没有意识到自己的预设,但这并不影响客观事实。诚然,从时间上看,批判性分析未必率先出场。但当它出场的时候,它所做的不过是解开思想中原本缠绕在一起的东西。它只是把逻辑上有决定性的那些要素,同逻辑上被决定的那些要素筛分开来。但问题的要害始终是逻辑关系。这种关系既不是时间先后意义上的关系,也不是因果联系意义上的关系。换言之,我们并不认为法的概念首先进入历史,继而随之出现它的具体适用。毋宁说我们认为,它们在逻辑上向我们表现为一种自洽理念的整体。形式与质料的这种区分,只在逻辑关系中才彰显出来。

而且,我们这里并不考虑因果性。或许在现代,由于自然科学的影响,人们每每把必然规定性问题等同于因果规定性问题。实际上,后者不过是必然性这个一般概念的特殊模式。我们这里的研究所处理的,是逻辑必然性的问题。正是在这个意义上,我们说,形式性的法概念是每个具体"法律"意志的必然预设。

我们的讨论结果是,在探索法的概念时,我们要处理两种判然有别的趋势和观点。众多误解都来自一件可悲的事情,即法的两个方面未得到平等的关注。当人们探索"法律"意志的形式意义时,这与"法律"意志的具体适用问题截然不同。例如,人们义正词严地提出,一切统治的终极目的在于法和正义。当被问及何谓法和正义的时候,我们的相应回答必须依据的方法,有别于我们在考虑美国法、德国法等的实定内容时所采用的方法。《诗篇》作者有云:"而法必将重归于法"(《诗篇》94:15)。我们唯有通过法哲学,方可理解此句的意思;因为这里提到的法,只是将人的欲求和努力加以平衡的纯粹形式,不涉及法的这种或那种历史表现的特性。

因此,我们在一切法哲学讨论中应当首先致力于确定,在法的双重含义中,我们要谈的究竟是何者。

七

本章第一节曾提到吴经熊博士的文章,其中给出的有趣见解恰好指向同一思路。它把法的存在当作出发点。它完全正确地断言,须到我们的整个意识之中探寻法的本性。根本的问题在于:法是什么? 基于批判的回答可分为两个部分,即概念的(逻辑的或先天的)部分以及知觉的(心理的或经验的)部分。

这种提问方式恰好对应着如下提问方式:实定法包含着什么? 答曰:实定法首先包含着作为附历史条件的意志的特殊东西,其次包含着法概念这一经过方法论整合的形式。

探索法的存在,意味着考察实定法的复合观念。吴经熊博士完全正确地提出，须以心理学方式研究历史上现成法律的实定要素或经验要素。另一方面，同样真确的是，对实定法的这些知觉要素的体系性讨论和分类表象，乃是逻辑的保留地。我们称之为法学建构。它的任务是借助于各种先天范畴，成体系地规定和阐明法的多重历史内容。而表述法学的这些纯粹范畴，则是法哲学的领地。因为这个问题绝不可能通过单纯复制法的实定内容而得到解决。这里涉及的范畴包括：法律主体与法律客体、法律理由与法律关系、法律上的主与从、合法与不合法。① 这些范畴是技术法学的纯粹形式。我们能在每一桩法律纠纷中认出它们。例如，甲请求乙交付某物，因为乙不合法地保留该物——这件案子把上述八个范畴都体现出来了。

于是出现了关于法典技术的一般理论问题。制定法的可能种类，根据的是它们的一般区别。制定法要么是决疑性的，要么是抽象的：前者指明明白白地规定了前因后果，后者指以更加笼统的方式进行此种规定。好的立法对这两种法律兼收并蓄。立法者须知，在预见和规定未来的法律案件和问题时，不可能一网打尽。他必须留下足够的余地，

---

① 这四组范畴，正对应着法概念的四个要素，即意志、联合性、不容分说性、不可侵犯性。——译者

让当事人、律师和法官自行查明未来案件中的客观正义。他必须插入某些涉及公平、善良风俗、诚实信用的条款。他必须对权能之滥用作出一般禁止。

如果我们思量上面勾勒的问题——这些问题是律师、法官和立法者不免遇到的普遍问题——显然，它们的解决要依靠一种逻辑反思。我们必须揭示这些作为先决条件的思想，并将其置于理性的天平上加以衡量。而这同特定人的心理状态无关。

尽管展开了前述讨论，我们还是完全赞同吴经熊博士的论断，即他引入的那种法学研究分支是一种知觉研究，必然导向一种必须交给心理学来实施和敲定的经验探讨。实定法的这些知觉要素，促使我们去研究实定法在历史进程中的起源和转变。

八

法律的实定特性来自哪里？从遥不可追的上古以来，人便试着回答这个问题，方法是：到法律本身之外寻求某种强大的绝对至高存在。这方面有三种理论值得我们特别注意。

首先，一切原始文化民族的特点在于，他们会借助于直接的神启来解说他们法律的实定内容，我们在多神论民族见到这一趋势，东方的一神论亦然。在《旧约》里，一切法规戒律的制定，都仰赖耶和华（Jehovah）的权威。而且我们发现，《古兰经》（*Koran*）里的条文和制度，一律被归于真主（Allah）的意志。这样的信仰在现代基督教国家里也没有完全湮灭。然而，这并不契合一种更加先进的宗教概念。法律意志单单为人所有。人本身对存在着的一切宪制和法律负责。在一定的意义上，面对着真真切切的事实而寻求客观正义，这确实是一项神圣的任务。"止于至善"（Thou shalt be perfect）也是与此相关的崇高言辞。但我们绝不可无视如下事实，即我们唯有洞察人的状况和可能性，方可解说那须依照该诫命进行加工的素材的演化。

作为启蒙世纪的 18 世纪，过分提倡这种人文主义思想，引入了绝对自由的立法者。人们只需通过理性去发现正义的东西，而且人们相信，立法者能够一步到位地在立法中兑现这种理想。此情感在法国大革命时臻于顶峰，并且这横扫一切的洪流至今都没有完全消退。但这整个观念在科学上站不住脚。我们探讨法的实定内容的知觉起源时，总是面对着各种看得见、摸得着的现象。然而在看得见、摸得着的世界里，没有什么变化不在因果原则的覆盖范围内。因此，绝对自由立法者的观念，无视现代科学的一切既定真理。它在康德批判哲学之前登场，如今应被打入冷宫。

浪漫主义的民族精神学说，在 19 世纪取而代之。每个民族都被认为像个人那样拥有某种精神。时人相信,民族精神在每个成员心中唤醒了一定的共同确信。这种信念深深地影响了法学,民族法(das Volksrecht)的概念应运而生。所谓的历史法学派的这番教诲,成为许多邦国的主导学说,而且至今余音绕梁。不过,这番教诲立足于神秘而混乱的观念。把社会构想为一种精神实体,绝没有科学上的依据。民族不过是一群具有社会关系的人;一个民族的民族性脱胎于历史条件,在时间长河中始终经历着变迁。

由此可见,法学研究的知觉分支,亦即探究法律意志之实定内容的演化过程,唯有根据社会各个成员的精神生活方可展开。实定法内容的特性,从迄今占据主流地位的历史状况中演化而来。因此,有必要进行社会心理学的研究。社会心理学可能要么是纯描述性的科学,要么是解说性的科学,前者试图能够最准确地揭示社会各个成员共同的意见、确信和愿望,后者探究这种一致状况的起因本身。关于这种心理学研究的意义和方法,我们还得多说几句。

九

心理学研究同批判的认识论有根本差别。后者取定一个观念而仅分析它的性质。心理学考察则把观念同特殊的人联系起来。因此,人们在观察时如果试着追溯某个人形成观念或意愿的过程,便符合心理学的旨趣。这就为实定法在历史过程中的起源和变迁提供了镜鉴,而且以双重方式提供镜鉴。第一种方式是,弄清给定的人或群体如何开始投身于特定的法律努力。这里出现了该努力的质料。第二种方式是,弄清给定的努力是否分有正义的性质和具备法律效力。法律效力是法律得到实际实施的可能性。这又可能涉及两种影响方式:其一,通过自上而下的强制以及心理学所确定的主体服从;其二,通过双方达成共识,即经过批判性考察的那些命令合乎法的概念。

因此,心理学和认识论相辅相成。但认识论方面的思索显然应被赋予逻辑优先性。因为在某个观念能够跟特定人建立联系之前,它显而易见已经成为预设了。人们绝不可能借助心理学来判断正义和非正义,这也是不证自明的道理。这种判断必须有如下的批判立足点,即把涉及的特殊思想和谐地嵌入人类知识和意志的整体。

另一方面,我们不妨说,这一点仅仅适用于"逻辑上居先的东西"。"逻辑上居先的东西"是指观念中的这样一个部分,若是将其略去不予考虑,则必定导致整个观念的消解。例如,法的概念对于不转移占有的抵押、合股公司、抢劫等而言,就是逻辑上居先的东西。即便不考虑这一连串事物的特性,也不妨碍我们保留法的概念,但这话反过来说则不成立。同样的道理,对思想的批判性阐述,在逻辑上先于对它的心理学讨论,亦即在逻辑上先于它同特定人的关联。

如今人们过度关注心理学方面。批判性的研究时常被抛诸脑后。当霍姆斯大法官说"法律的生命从来不是逻辑,而一直都是经验"(转引自吴经熊博士的那篇文章),我们从中察觉一种隐蔽的错误,即他似乎满足于片面的"非此即彼",而不是寻求全面的"亦此亦彼"。其实我们既应致力于批判性思考,也应致力于心理学研究。但除非我们首先沉浸于批判性思考,否则我们很难进行坚实可靠的心理学研究。只有理论能够矫正无意识努力的激流;只有理论能够为它们指明方向。理论是人类生活的"女王",没有哪个有朽者实际上能够挣脱她的摆布。这位"女王"在本质上等同于学校中所称的逻辑。感知的质料即便被视为一种"力",也依然是盲目且无足轻重的;正是逻辑形式为偶然存在(包括实定法的内容)赋予了适当的力量和价值。

十

让我们提炼一下我们的讨论结果。

为了理论上的清晰性,我们不得不批判地分析那些作为我们生活之寄托的复杂观念。我们必须阐明那体现为各部分环环相扣的综合,并从中识别作为逻辑先决条件的思想(我们将其称为纯粹形式)。

为了实际行动,我们需要统一形式和质料。形式仅仅作为质料的伴侣进入看得见、摸得着的实在,而质料若没有起协调作用的形式则全无意义。我们在此不纠缠于形式和质料的对立:我们想要完备匀称的整体。

纯粹形式以两种装扮进入法学领域。概念和理念的一般区分,在法律领域同样有效。

对象的概念就是它有别于其他对象的统一规定性。我们必须关注能够据以一致思考该对象的那些经久不变的条件。没有什么对象可以单单就其本身而得到理解。它总是需要对立面,唯有通过比照其他对象方可获得承认。但这并不意味着,当特定对象的统一规定性一清二楚的时候,该对象不能在概念中获得穷尽表象。

法的概念亦然。法能够区别于道德、约定俗成的规则、专断的意志而获得精确规定。法代表着具有唯我独尊性和不可侵犯性的外在结合。一旦落实这一点,法律意志便被完全给定。法的概念完全隐含在每一部实定法的内容中。

然而,我们从概念上规定我们知识和意志的各个对象时,并不会因此获得我们通过科学寻求的绝对统一。这里便要考虑理念了。正是理念将所有获得概念规定的事物归入绝对和谐。这样一种绝对和谐,当然绝不可能出自有条件的实在。这是一个永远得不到彻底解决的问题,但我们必须始终将其作为一个问题放在心头。

在法学中,正义理念跟法的概念并肩而立。所有可以想见的"法律"问题,都要依照正义理念被纳入完美的和谐。对于附历史条件的事情而言,正义理念宛若引航的星辰。我们在处理那些附历史条件的事情时,心中需要惦记着达成客观正义的结果,尽管它们绝不可能实际达成绝对正义的状态。正是在这个意义上,我们说一切统治的终极目的在于法和正义。

在概念上得到规定的法,意味着权力。国外有一种天真的成见,以为法和权力彼此对立。其实二者相辅相成。无权力的法终究没有意义,没有法的权力则始终欠缺正当性。

正义理念必然包含着"爱"这个具有激荡作用和核准作用的因素。"爱"是法的成全。"爱"使人们臣服于正当意志的指示,而在人类的社会生活中,正当意志表现为正义这一理想任务的形式。

附录

霍姆斯法官的法律哲学*①

吴经熊 著

威廉·詹姆士（William James）说："在完全的意义上，哲学只是人的思考，是人关于一般事情而非特殊事情的思

　　＊　译文原载孙伟、李冬松编译：《吴经熊法学文选》，中国政法大学出版社2012年版，第3—19页。收入本书时由姚远进行了校订。——译者
　　①　1921年冬天，我在巴黎给霍姆斯大法官写了一封信，信中表达了我沉浸于他的哲学与精神之中，感到撰写一篇有关他法律思想的评论恰合时宜，并将评论的标题拟为"作为法学家的英雄"，以作为卡莱尔（Carlyle）作品的补充。以下是他的回信："如果我如你信中对我的赞美那样，那我深感荣幸，但不要称呼我为英雄。我相信，当年，我以可敬的方式履行了我身为军人的职守，但我不是因它而生，而且也没有什么彪炳史册的战功。"他的谦逊本身就是英雄主义的，但因为他反对这个标题，我就采取了目前这个题目。用萧伯纳（Shaw）的戏剧《人与超人》（Man and Superman）（第三幕）中唐璜（Don Juan）的话说，"我不为战争与英雄歌唱，而为智慧之人欢呼：他为揭示世界内在意志而冥思苦想，不断求索；他为实现这种意志而发明工具，并用此工具采取行动实现意志"。
　　我借此机会对给予我智识上帮助的霍姆斯法官和狄金森（Dickinson）教授表示感谢，是他们把我从教条主义的睡梦中唤醒了。狄金森教授是《国际法上之国家平等》（The Equality of States in International Law）一书的作者。

考。"①与此相同,我们可以把法律哲学定义为是人对与法相关的一般事情的思考。

我要指明,我并未说"法的一般事情"——法本身只是认识的一个特定对象:它的一般事情由一般法理学研究而非法律哲学研究。关于"与法相关的一般事情",我是指联系着法律研究所考察的一般哲学问题。

法律并非一个孤离的世界,而是人类一种特有的行为模式,是世界进程的一根独特杠杆,是据以疏导那无处不在的宇宙进化洪流的一条独特渠道。因此,在严格意义上说,不可能存在法(本身)的哲学。哲学的功能是对思想的统一,是对世界总体特性的诠释,不能期望哲学在这孤离的法律庙宇中受到顶礼膜拜。把哲学局限于这样的概念"篱笆"中,犹如把宇宙分裂成各不相连的碎片,这是与真正的哲学精神相违背的。真正的哲学精神要求统一性和连续性,或者至少要求对世界为什么能够如此分离做出解释。② 总之,我们真正欲求的不是哲学的法律化,而是法律的哲学对待,

---

① 詹姆士:《哲学的一些问题》(*Some Problems of Philosophy*),纽约,1921年,第15页。强调性的处理方式原文就有。

② 正如霍姆斯法官在此问题上的完美阐述,"捕捉事物的伟大方式与小家子气方式的差异——哲学与闲言碎语的差异——仅仅是把部分看作是整体中的一部分还是孤立的部分(好像部分真是孤立的)那样的差异"。——《法学论文集》(*Collected Legal Papers*),纽约,1920年,第166页。

也即是说,探讨法律研究所产生和涉及的哲学问题。

当前,什么是法律研究所产生、所涉及的哲学问题? 在我看来,表现为两点:第一,认识论问题或认识问题;第二,伦理问题或生活问题,即生活的意义、价值及目的。

在这篇关于霍姆斯法官的法律哲学论文中,我们将试着阐述对于这两个关系到法律科学的问题,霍姆斯是如何解决的,或者他在什么方面为解决这两个问题作了贡献。

一 作为认识对象的法律

在我看来,在讨论"法律是什么?"这个问题之前,有一个更为基本的问题,即我究竟如何认识法律? 我能否援引笛卡尔(Descartes)的"我思"(*Cogito*),说"我思故法在"(而非"我思故我在")来建立法律之存在? 不能。因为,在我内心深处,我真的没有发现法律如我在思考的自我一样显明。再者,是否能主张法律犹如时空一样具有必要性和普遍性,即法律不可能被抛诸脑后? 显然,法律不是如此。在康德(Kant)看来,时空中发生的一切现象和事件,可能在思维中被彻底消灭,尽管时空自身作为一切经验所必需的、普遍的条件不能被取消。① 法律不同于时空,不能通过直接认知而

---

① 参见康德:《纯粹理性批判》(*Critique of Pure Reason*),米克尔约翰(Meiklejohn)翻译,《伯恩文库》(*Bohn's Library*),第 24、28 页。

成为对我们来说给定的东西。

很显然,单纯的理性或感觉都不足以建立法律之存在。某些东西必须被增加进去,这种东西就是经验。经验的先决条件则是人类的记忆与直觉——我是与斯宾诺莎(Spinoza)在其认识三重论①中使用"直觉"这个词的同种意义上来用"直觉"的——二者使我们对四周数量巨大的事物表象留有印象。唯有通过感觉、记忆、理性与直觉的总和,我们才能期望获取全面的法律意识。在这里,全面挖掘这一点并非必需。只要能记住以下的话就足够了,即如果没有我们的整体意识就不能建立法律的存在,那么,法律的本质属性将不能被我们的任何单一官能所充分把握,这些官能不过是我们意识的组成部分。霍姆斯法官对此问题表达了近乎同样的观点:"如果我们把法律看成是我们的女士……人们只能用持久和孤寂的激情,只有倾尽人最类似于神的一切官能,才能赢得她的芳心。"②

意识构成了不可分割的整体,它是多样性的统一体。然而,为了追求明晰,它可能暂时地分为两部分:概念和知觉。因此,"什么是法律?"这个问题可以从概念上和知觉上

---

① 斯宾诺莎认为,有三种认识模式:知觉的、概念的、直觉的。见斯宾诺莎:《伦理学》(*Ethics*),第二部分"论灵魂",第四十论题。

② 《法学论文集》,第26页。

予以回答。

二 法律的概念

法律可以被转化为一个概念，或者关于何谓法律的静态表象。问题是，假定法律是主题，它的逻辑上的必要谓词是什么？对此问题的解答，霍姆斯法官似乎贡献不大。也许他把这些谓词作为理所应当的东西。① 而另一方面，施塔姆勒（Stammler）教授精心创制了一个详尽的概念系统。我

---

① 在这里说说霍姆斯法官一般的哲学气质是适宜的。在我看来，霍姆斯法官是一个靠直觉的而非靠论证的思想者。在这点上，他类似于据说"用血写作"的尼采（Nietzsche）。菲吉斯（Figgis）博士曾说，尼采靠纯粹直觉行文，"并非意味着他随意取用观念，而是他经历了心理上的长久权衡和思虑，然后，当整体看起来很清晰时，他就推倒梯子，终而认为讨论根基就是无聊、浪费时间"。——《自由意志》（*The Will to Freedom*），伦敦，1917 年，第 216、217 页。在霍姆斯法官给我的一封信中，可以看出霍姆斯法官表达了同样的意思："盯住本质才是大事。当一个男孩在两个朝内旋转的轮子里夹痛了他的手指时，你去描写机器多半只会干扰读者并令他感到厌烦。如果我对克罗齐（Croce）所言及的'一切表达都是艺术'记得不错的话，那我倾向于增加一句，'一切艺术都是漫画'。也即是说，艺术强调了艺术家想要引起注意的东西，而牺牲了其他因素，尽管这些因素可能原本是平等的，但它们与他想让你看见、感受或思考的事情没有关系。"因此，他好像听到了但丁（Dante）的智慧之言的引导："你说吧，话要简洁精微。"——但丁：《神曲》（*Divine Comedy*），卡里（Cary）译，《万人丛书》（*Everyman's Library*），第 201 页。在另一封信中，他写道："我刚读完列维·布留尔（Lévy Bruhl）所著的《伦理与风俗学》（*La Morale et la Science des Moeurs*）一书，觉得他的思考与你所思一致，该书可能对你有点用。它是一本小书，而且易懂。如果作者在我所认为应当如此的事情上不花费不必要的论证的话，它可以再简短得多。"这让我怀疑他有关法律的概念同样所持的想当然态度。的确，霍姆斯法官（格言制造者）与施塔姆勒教授（体系创建者）所形成的对照之鲜明，甚至超过了大家所热烈讨论的耶林与温德沙伊德之对照。——见庞德（Pound）："社会法理学的范围与目的"（Scope and Purpose of Sociological Jurisprudence），载《哈佛法律评论》（*Harvard Law Review*），1911 年 12 月，第 141 页。

把他的法律的概念看作是对法律科学最具价值的贡献之
一。因此,只要让他的观点同霍姆斯法官的法律哲学构成
更加鲜明的对比,那么在这里对其观点作一简介就是适宜
的。的确,具体的法律和法律制度在数量上浩渺无穷,但问
题是,什么是法律永久的不可化约的元素? 而且这些元素
对所有短暂显现的法律来说是共同的。施塔姆勒教授认为
有四个这样的元素:(1)法律是人类的意志,它使法律有别
于自然现象。(2)法律是公共的意志,至少要有两个人才存
在公共意志。正如,在严格法律意义上,鲁滨孙(Robinson
Crusoe)所居住的荒岛没有法律。(3)法律是自授权威的公
共意志,区别于习俗这种人类另一种意志模式。换句话说,
在性质上,法律不是可选择的事情,而是义务。就此而言,
我想引用帕克(Park)与伯吉斯(Burgess)所著的《社会科学
导论》(*Introduction to the Science of Sociology*)中的一段极富
启发的话:"如果自然规律的目标是预测,那么,它告诉我们
的是我们能够做什么。另一方面,道德法则告诉我们的不
是我们能做什么,而是我们应当做什么。最后,市民法或邦
国法既不是告诉我们能做什么,也不是告诉我们应当做什
么,而是告诉我们必须做什么……只要'能''应当''必须'
这些单词对我们依然有意义,那么它们所表现的区别就将
始终为科学以及常识所秉持。"①(4)法律是神圣不可违反

①　帕克、伯吉斯:《社会科学导论》,芝加哥,1921 年,第13 页。

的、自授权威的公共意志。法律与专断权力规则的区别在
于,前者被预先确定以便统摄在其条文范围内发生的所有
案件,而后者只不过是由反复无常的统治者决定案件。因
此,不仅对于人民,而且对于统治者来说,法律与专断意志
不同,法律是神圣不可违反的。施塔姆勒教授说:"专断权
力的号令具有这么一个特征,即统治者自己不保证遵守任
何东西。他擅自创制社会意志,并根据自己的喜好将其纳
入法律轨道。法律意志表明的正是它的对立面。法律代表
人类种族的恒久秩序,它应该有不可移易的稳定性,不因个
别案件而创设新规则。否则,法律意志将无所依凭,沦为统
治者肆意玩弄的虚无,且将破碎不堪,为纯粹偶然的作祟留
下余地。"①

　　简而言之,这是抽象意义上的法律。个殊的法律和法

---

　　① 施塔姆勒:《法哲学教科书》(*Lehrbuch der Rechtsphilosophie*),柏林,1922
年,第89页。下面是我对引文中德文的英译:"The rule of arbitrary power is
characterized by the fact that the ruler does not pledge himself to observe anything. He
manufactures a social will out of himself, and will admit it into the line of legality
according to his good pleasure. The legal will signifies just the opposite. It represents
the permanent ordering of the human race, and, as such, it should have an immovable
stability, and not set forth a new rule for each particular case. Otherwise, it would lose
support and sink into nothingness at the caprice of the ruler, and be shattered to pieces
to make room for the reign of sheer chance."(吴经熊在正文中的引文为德文,吴在
注释中将引文译成了英文。此次,译者再将吴的英译文译成中文放在正文中。
注释中保留英译文原貌,以供读者参考。值得注意的是,吴经熊的译文属于意
译,带有自己发挥的成分,跟施塔姆勒的原文并不完全对应。——译者)

律制度受到惯常进化过程的制约,它们发生、成长、达致成熟、衰败乃至死亡。"所有生成者,都值得毁灭。"但是,法律的概念是永恒的或无时间界限的。它绝不变动,它是静止的。这样的概念是一个纯粹的形式,没有任何实定的内容。一个概念总是意味着同样的事情:正如一个圆圈总意味着一个圆圈,一条直线总是代表着两点之间的最短距离一样,因而,法律总意味着法律。[①] 尽管法律的概念是一个纯粹的形式,但它"不像一个挂不住任何真实链子的图画上的挂钩",[②]毋宁说,它为我们"跛脚"的法律科学提供了"一根强有力的拐杖"。爱因斯坦(Einstein)在他的《几何学与经验》(*Geometry and Experience*)讲演中所表达的观点,经过必要变通对法律也成立:

"标准体的概念,正如在相对论中同它相配合的标准时钟的概念一样,在真实世界上找不到一个对象与它完全相符合。……而我确信,考虑到当前理论物理学的态势,这些

---

① "然而法必定依然是法"(Recht muss doch Recht bleiben)是施塔姆勒教授最喜欢的《圣经》语录。见《圣经·诗篇》(*Psalm*)94:15(马丁·路德版)。须注意,英语版与法语版的这句译文同路德版《圣经》有显著差异。

② 这句引自詹姆士:《哲学的一些问题》,第107页。

概念仍然必须作为独立的概念被利用。"①

　　在实际生活中,找不到一个对象与施塔姆勒教授的法律概念完全契合。但是,它仍须被用作标准法,以便建立一个不变用语之间的逻辑关系,并因此足够准确地识别特定的人类行为模式。这确实是利用理性主义者思想的一个理性方式。纯粹理性主义的思想的危险仅仅存在于这样一个事实中:因为它的兴趣完全放在不变的与普遍有效的东西上,它倾向于不把"我们生活中正在跃动的脉搏"当作现实。如果我们把概念看成是纯粹静止的或概要的,并因此认为它不可能涵括整个现实界——"逻辑上的真实"仅仅是现实世界的一部分②——那么,我们就离这个陷阱十万八千里。

---

　　① 爱因斯坦:《几何学与经验》,柏林,1921 年,第 8 页。引文是我的英译。我很冒昧地引用同一演讲中的另一段落:"当数学命题同现实联系起来的时候,它们是不确定的;当它们是确定的时候,就未与现实发生联系。"——第 1—2 页。霍姆斯法官用更优美的措辞表述了关于法律科学的类似观念:"逻辑的方法与形式迎合了人们对根植于心的确定性与安宁的热忱渴慕。但是,确定性通常只是幻影,而安宁也不是人类的命运。在逻辑形式的背后,存在着一个关涉相互竞争的立法根据之相对价值和重要性的判断,该判断诚然常常是含糊不清且无意识的,但它却是整个诉讼程序的根本和命脉。"——《法学论文集》,第 181 页。

　　② 参见詹姆士:《哲学的一些问题》,第 106 页。席勒(F. C. S. Schiller)在他的《人本主义》(*Humanism*)(第 53 页)一书中断言,"正是兴趣启动、推进、维持以及引导我们思维的'运动'";但是,应该记住,这个"运动"有它自己的法则,这法则恰与心理学上的兴趣法则一样真实。因为,兴趣可以"启动、推进、维持以及引导'运动'",但绝不构成它。维诺格拉多夫(Vinogradoff)所言极其正确:"功利、公共利益、道德、正义,这些当然都要求在法律人的思想中占有一席之地,而逻辑提供给他一个有关推理的固定框架。"——《历史法学》(*Historical Jurisprudence*),第 I 卷,伦敦,1920 年,第 27 页。

只要你记住霍姆斯说过以下的话：

"法律更深远和更一般的面向是令它引起普遍兴趣的面向。通过它们，你不仅成为你自己专业的俊才，而且令你的专业与宇宙万物相连，聆听来自无垠苍穹的回响，瞥见深不可测的进程，捕捉普遍规律的玄机。"①

你能够由于承认概念认识的自洽，安全地成为一个理性主义者，同时，通过坚持认为这种自洽仅仅意味着依赖于更高、更实体性的实在，你依然是一个真正的哲学家。②

三　法律的知觉

让我们把自己安置在具体的时间中，静止的视域立即会消失。我们开始意识到，法律持续不断地变化着、无休止地生成着。法律不再出现在概念结晶的状态中，它融化进

---

① 《法学论文集》，第 202 页。在别处，他也宣称："如果世界是理性思考的主题，那它就是铁板一块的；任何地方都能发现同样的法则，任何事物都与其他事物相联系。如果世界真是如此，那就不存在任何卑微的东西，不存在无法从中洞察普遍法则的东西。"——《法学论文集》，第 159 页。

② 请听惠特曼（Whitman）的"回答者之歌"（Song of the Answerer）：
　　"于是机械工把他视为一个机械工，
　　士兵们料想他是个士兵，水手们以为他曾经在海上航行，
　　作家们把他看成一个作家，艺术家把他当艺术家，
　　而工人们发觉他能与他们一起劳作并喜爱他们。
　　无论是什么工作，他都做得来或已经做过，
　　无论在哪个国家，他都能找到自己的姐妹弟兄。"
　　　　　　　　——《草叶集》（*Leaves of Grass*），《人民文库》，第 167 页。
我真的不明白，为什么哲学家不应该既是理性主义的，又是经验主义的。

知觉的涌流。法律不再看起来像一潭死水,而是跻身于"汇入生活大河的万涓细流"。① 法律戴上了不确定的面纱;法律如生活本身一样,成了"极其嘈杂的巨大迷惑"。② 我们只能通过关于法律行进"道路的预先觉察"③或者依靠对它未来的某些预先体验来叙述法律。

　　这样观察法律的最佳代表,除了霍姆斯大法官之外,我不知还有何人。霍姆斯法官说:"对于法庭将会如何行事的预测,而不是别的什么更为矫饰造作的东西,正是我所称的法律。"④因此,法律就是预测。它甚至不是像萨尔蒙德(Salmond)所定义的那样,由法庭上已经认可和践行的规则所组成;⑤它仅仅是由法庭上最可能认可或践行的规则所组成。这当然算不上定义。它是对于法律实际上是什么的一种概览。它所论及的本质是心理学的,而不是逻辑学或数学的。心理学上,法律是一门地地道道的预测科学。它主要关注我们未来的利益。人们研究案件不是为了娱乐,而是一般聚焦于法院对未来产生的案件将要做什么的预测

---

① 这是柏格森(Bergson)的话。参见《创造进化论》(*Creative Evolution*),米切尔(Mitchel)翻译,伦敦,1920年,第284页。
② 参见詹姆士:《哲学的一些问题》,第50页。
③ 同上书,第89页。
④ 《法学论文集》,第173页。
⑤ 萨尔蒙德:《法理学》(*Jurisprudence*),第四版,第9页。

上。的确,一个人经常地查阅许多被保存的作为法律参考
的过去案件,但最终几乎总是为了表明有充足理据相信,在
将来法院会如此这般地行事。霍姆斯告诉我们,法律更多
的是心理上的强制力,而非逻辑的形式。对他来说,法律在
生活这个戏剧大舞台上扮演着重要的角色,它是最大可能
性与最大斗争性的联合体,[①]它只是提供了一个经过奋斗而
可能赢得的安全机会。他说:"法律的生命是经验,而非逻
辑。一个时代为人们所感受到的需求、流行之道德与政治
学说、习知或下意识的公共政策直觉,甚或法官与其同胞共
有的偏见,在决定赖以治理人们的规则方面的作用都比三
段论推理大得多。"[②]这确实是构成法律的材料。事实上,这
就是法律的内容,这些内容更多地是情感而非构想。他对
权利与义务的叙述,同他对法律的描述一样是心理上的。
他宣称,"就法律目的而言,一项权利仅仅是预言的基
石——它是支持如下事实的实体的想象,即公共力量被施
加于据说行为有违权利的人——正如我们谈论万有引力在
空间中引起物体的运动一样"。[③] 的确,这就是法律权利的

------

①　这是想要模仿萧伯纳对婚姻的描述,即婚姻是"最大诱惑与最大机遇"
的联合体。——参见陶赫尼茨(Tauchnitz)版,第4436卷,第311页。我意识到
这个模仿是极其拙劣的。

②　《普通法》(*The Common Law*),第1页。

③　《法学论文集》,第313页。

实质。那么,法律义务是什么呢?"一项所谓的法律义务并
非别的,而是一个预测,即,倘若某人在某些事情上作为或
不作为,他将会遭受法庭判决的这种或者那种方式的制
裁。"①因此,他提供给我们一个连续的知觉系列,这应该是
心理法理学建立的出发点。因为法律是老生常谈,所以,法
理学涉及一般人的心理。法律没有绝对确定性,这是个事
实,但它对正常精神状态的人来说,还是提供了一个合乎情
理的确定性。的确,在法律的整个机制中,正常性的观念是
唯一巨大的安全阀。"一般审慎与勤勉的人""应有的注意
义务""排除合理怀疑""很可能的原因""显明的危险""正
常的条件下""按照事物的本质"等诸如此类的术语,是有关
正常性观念的一些实际表达。② 当然,在法律的生命中总存

① 《法学论文集》,第 169 页。
② 霍姆斯法官的论文"法律解释理论"(The Theory of Legal Interpretation)
(《法学论文集》,第 203—209 页),对法律关系的常规性和客观性(或者外在性,
这是他所提到的)的观念有很好的说明。他认为这种一般人的学说,不完全是人
造的,而是基于自然。引用莎士比亚(Shakespeare)意味深长的话是有价值的:
　　　　"天工不因任何工具而改进,
　　　　那种改进天工的工具,
　　　　正也是天工所造成的;因此,
　　　　你所说的加于天工上的人工,
　　　　也就是天工的产物。"
　　　　　　　　　　——"冬天的故事",第 4 幕,第 3 场。
　　同时请参阅,涂尔干(Durkheim)的《社会学方法的准则》(*Les règles de la
méthode sociologique*),第一章,"什么是社会事实?"。

在着某种偶然因素。正如霍姆斯法官在一个宪法案件中所作的完美阐述:"时不时地会出现一个不平常的案件,但是,像其他有朽的发明物一样,宪法不得不碰碰运气,毫无疑问,在大多数这种情形下,将给世人一个公道。"① 正是这种偶然因素的存在使得法律充满魅力。如勒·罗伊(M. Le Roy)所敏锐洞察到的,"确定性只不过是诸可能性的竞合点,真实亦无非由事物间之交互关联便足以确定"。② 法律提供的仅仅是这样的一种确定性,这样的一种真实性或可验证性。

因此,跟随我的读者,在这里一定发现了知觉与概念之间的差异,前者与对象(在我们这就指法律)直接关联,它以具体的、个别的方式处理事物;而后者仅仅与对象间接关联,它是通过对几种事物(在我们这就指法律和法律制度)共同的特有标志或标准而发生的。③ 霍姆斯法官思考法律的方式,如我们所见,知觉比概念更为重要。他让我们先关

---

① 布林诉纳尔逊案(*Blinn v. Nelson*, 222 U. S. 1, 7). 参见黑尔(Hall):《宪法案例》(*Cases on Constitutional Law*),第 362 页。应该承认,我所了解的霍姆斯法官的司法意见主要是通过这本案例书,以及贝茨(Bates)院长有关宪法的演讲,我已经把其中的见解吸收到了这篇文章中。

② 勒·罗伊:《一种新的哲学:亨利·柏格森》(*Une philosophie nouvelle*: *Henri Bergson*),第 7 版,巴黎,1921 年,第 92 页。

③ 参见康德:《纯粹理性批判》,米克尔约翰译,《伯恩文库》,第 224、225 页。

注事实。他说:"生活提供给任何人以作为其思考或奋斗出发点的东西,仅仅是一个事实。如果宇宙是单一的宇宙,如果它可作为思考的对象因而你们用理性能够从它的一部分推导出另一部分,那么,作为出发点的那个事实是什么就无关紧要了。因为,每个事实都凌空导向其他一切事实。只是人们总是还没有发现这是如何进行的。作为思考者你所要做的就是,使得从某些事实导向整个事实的方式更加一目了然,并展示出宇宙整体架构与你的事实之间有着理性的关联。"[1]但是,如果宇宙是由独个的事实的宏大统一体所构成,且这些独个事实之间没有中间的统一,那么科学将是不可能的。因为,如赫伯特·斯宾塞(Herbert Spencer)所言,科学仅仅是"局部统一起来的思想"。科学预设了一个事实的选择,如果没有某个客观标准提供的话,事实的选择是不可能的。我之所以说客观标准,乃因为柏格森已经很好地评论过,"科学借以将某个系统隔离并封闭起来的操作不完全是武断的。如果它没有客观基础,我们就不能解释为什么它在某些情况下显而易见,而在另一些情况下则行不通"。[2]隔离不可能是绝对的——这一事实并不会阻止我

① 《法学论文集》,第30页。
② 柏格森:《创造进化论》,米切尔译,第10—11页。

们依据客观基础对事实进行暂时的选择。当然,有某些事实构成了相邻科学的所谓边境。施塔姆勒教授对我说过,尽管在逻辑上,法律与约定俗成的规则很容易进行区分,但是,在实践中,它们通过某种方式彼此交叉渗透,这经常使得我们很难把特定的规则归属于某种类型。因此,很自然地,人们从某个事实出发时会发现它与其他事实是如此地紧密相连,以致所有科学的边界看起来完全消失了。在概念世界里,你能把你的对象隔离开来,并与其他对象相区分,就如光明与黑暗的区分那样明显;而在知觉世界中,我们事实上不得不从白昼过渡到黑夜,从黑夜过渡到白昼,因而,我们用亲身体验去知晓黎明曙光与暮色黄昏。① 因为,在知觉上,所有的事物在空间上都悬列在一起,在时间上都彼此接续。那么很显然,事实的选择是科学成立的先决条件。尽管,每一个选择都暗含着舍弃,但我确信,在这点上,霍姆斯法官将同意我的观点,就如我们在其他许多观点上所达成的一致一样。他在给我的一封信中讲道,"你要我怎样? 人必须承认局限性。他必须承认黑格尔的观念,即一

---

① 但是,正如伯克(Burke)在这点上所精妙提及的:
　　　"如果黑白混合、柔化和统一,
　　　方法有上千种之多,难道就无黑与白?"
——"论崇高和美",载《伯克作品集》(*Burke's Works*),第 I 卷,《世界经典》,第 173 页。

个人之所以成为一位人格者(person),仅仅是通过规定性,亦即接受局限性。是这样就意味着不是那样"。同理可推,我们也可以断言,科学必须接受局限性。是法律就意味着不是别的东西。但是,什么是法律区别于其他事物的东西呢?欲明智地回答这个问题,我们首先自然是要寻找标准。但是,若无概念思维,不可能规定标准。施塔姆勒教授所写的"法律的概念"(Begriff des Rechtes)①肯定派得上用场。当然,这样一种标准仅仅作为(精神)整理的程序而有效。它不应该把自身强加给现实,仿若一个人竟能把现实分割成毫无联系的碎片或令进化过程停止一样。法律的概念既是主观的,又是客观的:之所以是主观的,乃因为它只是把特定的事实归入一个统一体的策略方法;之所以是客观的,乃因为通过共同的特有标志把事物组织在一起,这是我们智力的自然倾向,而无论是什么自然的东西,总很可能有一个客观的基础。因此,断言我们主观的标准能够建基于客观之上,这不是自相矛盾的。就此而言,请允许我引用彭加勒(H. Poincaré)在《科学与方法》(*Science et Méthode*)一书中的一段非常精彩的论述:"存在几门科学都共有的某些事实,它们似乎是在各个方向分叉的水流的共同源泉,就像圣戈

---

① 施塔姆勒:《法哲学教科书》,第 46 页。

塔尔山(Saint Gothard)的泉水为四座不同的盆地提供水源一样。""那么,"他继续说,"我们能比我们的先辈更敏锐地对事实作出选择,我们的先辈把这些盆地截然分开,并且将它们视为因某些不可逾越的屏障而彼此分离。"①这些话,霍姆斯法官本人也说得出来。

在结束本节之前,我或许该说一说霍姆斯法官在评判历史材料方面所称许的批判性态度。因为,尽管这不完全属于认识论,但还是与知识的获取具有重要关联。他关于武德本(Woodbine)版的布拉克顿(Bracton)《论英格兰的法律和习惯》(*De Legibus et Consuetudinibus Angliae*)一书的评论,展现了他对历史研究的兴趣;他在给我的信中也对我的一篇论文作了评论,我的这篇论文是"中国古法典与其他中国法律及法律思想资料选辑"(Readings from Ancient Chinese Codes and Other Sources of Legal Ideas)(《密歇根法律评论》,1921 年 3 月),这段评论是他对材料评判洞察力的典型性代表。当然,他不懂我的那些资料的原文,但他看起来是猜对了,他说:"我不能不怀疑,有一些比较粗糙的或不

---

① 这是我自己的英译。彭加勒:《科学与方法》,第 18 版,巴黎,1920 年,第310 页。

精确的话被作了现代润色。"①我在回信里对他心悦诚服，尽管在下文中我打算表明，他有时如何同样赞成我对其法律哲学个别论点的批判。

四 法律认识论问题之我见

真正的哲学应该寻求通过解释来化解"概念的一"和"知觉的多"这两者间表面的冲突，并指出它们之间可能的联系。它必须努力使隐藏在矛盾现象中的共同本质明朗化。

在我看来，法律的知觉和概念只是法律的两个不同面向，前者不过是被感知到的法律，后者则只是被构思出来的法律。在两者那里，法律作为一个物自体似乎已被设定。因为，若无一个被感知或被构想的事物，就可以有知觉或概念，乃是荒谬的。显然，法律的知觉和概念都指向一个在它们二者差异中表现出来的统一体，且指向一个产生它们二者的实体。

---

① 在这里，我冒昧地复述霍姆斯法官那封信的重要部分的内容：

"我发现你提供的节选极其有趣，但我有两个问题。其一是，依据现代考证标注的日期是否是合情合理的确当。我相信他们是确当的。更重要的问题涉及翻译。你暗示你对古代文献的翻译是意译而非直译。当吉尔伯特·默雷（Gilbert Murray）试图向我传达欧里庇得斯（Euripides）的精神时，我禁不住会想，他亦带有大量的斯温班（Swinburne）的精神。换句话说，在他的译文中添加的情感是我在希腊原文中找不到的。这个疑虑笼罩着古代文献的任何现代重述。我斗胆建议，在最重要的地方，你应该尽你所能地给出绝对准确的直译。然后，如果你喜欢的话，不妨给出你的现代释义，而如果这种现代意义的解释不太明白，你不妨说明为什么以及如何进行译解的。"

一些新康德主义者似乎把法律的概念视同法律本身，认为只要法律的概念被确切阐明了，法律的认识问题也就解决了。因此，他们倾向于将客观事物主观化，对他们来说，法律不是作为一个物自体而存在，而仅仅是作为一个概念而存在。另一方面，新黑格尔主义者，则似乎把法律的知觉视为法律本身。他们倾向于把主观事物客观化，因为，他们否认被感知的法律与作为物自体的法律之间的差异。我认为，他们都只看到事物的一面，每一种看法只代表了法律的一个面向，他们错误地把这一面向视为法律的所有本质。因此，我必须尽力从整体上来研究法律。当然，这并不意味着用一个新观念来代替法律的知觉与法律的概念，而仅仅是在一个更高的视点上，把它们调和起来，它们从而表现为"源自不可知晓的共同根基的分支"。这种对待法律的方法，应小心地与和稀泥的折中相区别。如果没有使它们产生一个综合的统一体，以及未把它们与共通的起源相连，那么，它们就与和稀泥的折中没有什么不同。我们相信，在法律作为物自体这个假设中，这种综合的统一体能够被发现；并且这个共通的起源看来也存在于有意识的自我中，因为知觉和概念必须预先假定进行感知和构想的这个主体。因此，我们并不企图把主体与客体视为相同，否则会沾染神秘主义。我们仅仅欲求在认识事物时，让主体与客体各得其所,达致两者根本上的协作。

在某种意义上,一切认识都是主观的,因为认识不可能没有认识者;但是,这并不意味着,认识者不认为所认识的客体有着客观存在。事实上,一个认识,若没有被认识的客体,就如同没有认识的主体一样荒谬。当然,我们的观念中带有"我知道""我认为""我感到""我相信"等模式,我们把这些称为客观的,仅仅是在我们认为它们是客观的这个意义上;但我们认为而且不得不认为它们是客观的,这一事实要求得到我们的尊重,①尤其鉴于我们明确指责某些观念是主观性的。因此,当有人宣称,世界只是一个现象的世界,或者法律仅仅是我们概念中的法律时,我们不妨认为他的意思是,他本人实际上认为是如此(因为在这里就像在其他地方一样,总是存在"我认为"这个模式);同时,我们不妨告诉他,他有一个荒唐的思想,因为现象必定是意指有某个事物存在于这个表象背后,同样,法律的概念预先假定作为构想对象的法律。在对德尔·韦基奥(Del Vecchio)的批评中,霍姆斯法官看来已经触及了这个问题的根本,当他说:"如果世界是我的梦,我将成为我所知的唯一宇宙中的上

---

① 正如霍姆斯法官予以很好地阐述的,"当我说某事物为真时,我的意思是我不能不相信它"。——《法学论文集》,第304页。

再说,霍姆斯法官曾告诉我,他的"理想与怀疑"(Ideals and Doubts)和"自然法"(Natural Law)两篇论文代表了他的某些出发点。

帝。尽管我不能证明我是清醒的,但我相信我周围的人与我的存在状态相同;如果我承认了这点,我也很容易地承认,我是在宇宙中,而不是宇宙在我心中。"①然而,还有一点必须被提及,这篇批评虽然对于某些新康德主义者具有效力,但不适用于康德本人。②康德在他的《纯粹理性批判》一书的第二版"前言"中,特别强调指出:"我们心中必须意识到,对于作为物自体的对象,当我们放弃认知力时,我们还保存了思维力。否则我们就得确认一条荒谬的命题,即没有某种显现着的事物,却存在着现象。"③当康德断言事物不可知时,他并未立刻指出,在内心中,该事物不能被相信或感受。再者,他并没有认为,我们的思想、信仰、感情不如我们的认识那么重要、可靠。④柏格森非常公正地说过,"他

①　《法学论文集》,第 304 页。

②　我认为,霍姆斯并未打算把它用到康德身上。

③　康德:《纯粹理性批判》,米克尔约翰译,《伯恩文库》,第 33、34 页。

④　事实上,康德可能被视为是实用主义的创始人,或者至少是先驱。一段引文将足以支持我所断言的真实:

"当理性企图穿越经验界限的一切雄心壮志在失望中终结时,仍然留下足够的东西在实践的立场上使我们感到满意。的确,没有人能自夸他知道存在一个上帝和来生……非也,我的确信不是逻辑上的确定性,而是道德上的确定性;因为它立基于(道德情感的)主观之上,我不能说:上帝的存在本身是在道德上确定的东西,等等,诸如此类,而只能说:我在道德上确定存在着上帝,也即是说,我对上帝以及彼岸世界的信仰,同我的道德本性是如此地交织在一起,以致我不太担心丧失前者或丧失后者。"——同上,第 503—504 页。

在这段引文中,我们发现了詹姆士宗教哲学的核心。因此,我应当说,黎尔(Riehl)教授在他的《当代哲学导论》(*Einfuehrung in die Philosophie der Gegenwart*)(第 216 页及以下各页)一书中的评论是公正的。

（康德）为一种新哲学作了准备，这种新哲学通过更高层次
的直觉努力，使自身立足于超理智的认识质料"。① 只不过
柏格森比康德在更大范围内去用"认识"这个词，而我们会
被语言所欺骗吗?② 因此，我赞同科德威尔（Caldwell）的看
法，可以把柏格森看成是康德哲学发展的代表人物，自达尔
文主义风行以后，康德哲学的那种发展是大势所趋，柏格森
开辟了根据生命理论来解读认识论的先河，该理论是对康
德批判性著作的真正承继。③ 而约瑟夫·柯勒（Joseph
Kohler）则完全误解了康德，当他说，"根据康德的认识论，一
方面，主体独自站在剧院的观众席上，而在观众席的前面便
是象征着世界的表演舞台。二者应该有某种联系，但事实
并非如此：我们感知的一切只是现象，而隐藏在这现象后面
的东西永远不为我们所知，因为我们的心智力量仅仅只能
聚焦于这个现象界"。④ 我们很容易看出柯勒对康德的完全
误解。好像康德认为，我们整个的心智力量仅由感知官能

---

① 柏格森：《创造进化论》，第378页。
② 当老子（Lao-Tsze）说"道可道，非常道"时（能够言说的话不是永恒的话），这可能已经存在于他的心中。
③ 科德威尔：《实用主义与观念论》（*Pragmatism and Idealism*），第206、207页。
④ 柯勒：《法哲学》（*Philosophy of Law*），《当代法律哲学丛书》（*The Modern Legal Philosophy Series*），第14页。

构成！好像康德从未写过《判断力批判》(*Critique of Aesthetical Judgment*)！此番误解对康德来说是多么明目张胆的不公啊！

　　新康德主义也好,新黑格尔主义也罢,就其在法哲学领域的表现来说,都无法担当盛放新酒的瓶子。似乎我们唯一的出路就是把康德作为出发点,并按照他本人的精神来进一步发展他的体系。在他的《判断力批判》一书中,他指出,"理智直觉"或"直觉知性"是我们理解事物的终极实在与自然界的合目的性的官能。[①]　理智直觉,正如其名字所表明的,同时是理智的与直觉的;它是柏格森所意指的"更高的直觉努力";它是知觉认识与概念认识所综合的一个本体的"一"。现在,法律的概念代表法律的形式,法律的知觉代表着法律的质料。而形式和质料两者都预设了某种实体,它们是这种实体的质料与形式。这种实体是物自体,物自体须由理智直觉所把握。如果没有这一观念,我们就不能调和形式和质料这两者,而这两者就其自身而论却都是真实的。为了它们每一个更切实地受检验、更完全地发展,法

---

　　① 没有找到英译本,我不得不引用原文。康德:《判断力批判》(*Kritik der Urteilskraft*,herausg. von Vorländer), 第 275 页。

律的两个面向不得不分离。但是,唯恐我们把法律的某一
面向当成法律自身,以及产生无谓争执,我试着表明有第三
种观点存在。按照这种观点,我们认为法律的形式和质料
融合成一个完全的图景,这是个鲜活生动的图景,它的每部
分都和谐一致,好似"单一的情感将二者融合为一个特有的
整体"。① 因此,我们发现哲学最终同艺术合而为一。因为,
当我们对大自然的合目的性与和谐进行思索时,我们不知
道究竟是哲学的洞察还是艺术的共鸣"用光芒照亮了我们
的灵魂,以热情温暖了我们的灵魂";可以确定,"我们与自
然一起悸动的感觉令我们深深地感动"。② 正是藉着这样的
心态,我们开始意识到法律不仅仅是技术的、科学的,它也
是审美沉思的对象,它体现着美与庄严。尔等法学学子,听
听霍姆斯法官的先知般的话语:"在我看来,对现实的人们
来说,法律可以维持它的日常性,也可成为知性惊异的对象

————————

① 这是歌德的话。请看鲍桑葵(Bosanquet):《美学三讲》(*Three Lectures on
Esthetic*),伦敦,1915 年,第 115 页。
② 这些话出自温莱(Wenley):《康德和他的哲学革命》(*Kant and His
Philosophical Revolution*),爱丁堡,1910 年,第 244、245 页。
　这也令我想起了霍姆斯法官在一篇演讲中的优美结语:"不过我记得我曾部
分表达过的信念,即对于一个不以我们的恐惧为转移的宇宙的信仰,这个宇宙包
藏着思想,而且不止于此,当太阳西沉,我瞩目凝视,华灯之上闪烁着点点繁
星。"——《法学论文集》,第 297 页。

以及天才灵光闪耀之域。"我们那位爱嫉妒的"女士"［指法律］的"爱侣"，尔等要有一种"赴汤蹈火、万死不辞"的精神，在尔等内心保持"罗曼蒂克的激情"。① 我们需要一种新的法哲学，这种新的法哲学将把我们引领进一个隐藏着的万物和谐中，并向我们心中嵌入某种狂喜，这种狂喜是与任何"为了真理的神圣膜拜"相伴随的。由于现实的基本核心与内核贯穿于一切事物，亦贯穿于法律，因此，法律不过是

---

　　① 请读霍姆斯法官在西北大学法学院大楼的落成献词演说。——《法学论文集》，第272—278页。

　　以下是威廉·布莱克斯通（William Blackstone）爵士的"法律人对缪斯的告别"（The Lawyer's Farewell to the Muse）一诗中的内容：

　　　　"洪流消退，心头宁静，
　　　　树林沙沙作响，雀跃欢欣，
　　　　与你甜蜜相处的日子里，
　　　　我的生活是多么的幸福，我的思想是多么的自由！
　　　　那时一切都是愉悦的，一切都是青春的，
　　　　岁月在不经意间流逝，
　　　　但是，现在这快乐的梦结束了，
　　　　这些景色不再令我迷醉；
　　　　失去了家园，离开了你——
　　　　告别！——长久、最后的告别。"

　　因此，他暴露了他对法律的肤浅了解。似乎法律不是一位缪斯！但是霍姆斯法官是第一个明确发现法律缪斯的人，尽管约翰·塞尔登（John Selden）诚然在他之前宣称："断言普通法'女士'必须独卧（lye）的格言，我从来不以为然。"——见《世界上的伟大法学家》（*Great Jurists of the World*），《大陆法律历史丛书》（*The Continental Legal History Series*），第186页。

我们可藉之抵达真理的众多入口之一;① 而自然和心智的统一是如此紧密,以致不管什么东西,只要一触动事物最终极的实在,也就在我们感情的最内在处激起涟漪。② 爱默生(Emerson)说得对,人必须获得并保有崇高的高度,以便洞察事实的隐秘意蕴,诗歌、年鉴以及(我们不妨加上的)音乐和法律亦然。③ 为了洞悉深处的秘密,有时要注目高处。④ 我们的观望点越高,我们也就越能深入到自身的深处,最终用我们的心智之眼看到,法律的终极基础等同于一切事物的终极基础,且法律的意义来源于世界之最初的"自何处

---

① 正如霍姆斯法官所说,"一经掌握,宇宙的某个部分将和其他任何部分一样教给我们同样的东西"。——《法学论文集》,第 166 页。这暗示了莱布尼茨(Leibnitz)的"单子理论"(doctrine of the monads)。根据莱布尼茨,每一单子都是"世界永恒生动的镜子"(*La Monadologie*, publiée d'après les manuscrits et accompagnée d'éclairissements par E. Boutroux, p. 173)。普林格勒-帕丁生(A. S. Pringle-Pattison)教授,在他的有关"单子"(Monad)[在鲍德温(Baldwin)的《哲学与心理学词典》(*Dictionary of Philosophy and Psychology*),第 II 卷,第 98、99 页]的词条中,对单子论从乔尔丹诺·布鲁诺(Giordano Bruno)到洛采(Lotze)的发展历程,作了一个很好的叙述。至少,在比喻的意义上,我们可以把法律看作是一个单子,因为它代表了一个"形而上学基点"或者一个不可化约的一元思维模式。但这仅仅是一个建议。

② 这不应该被视为一个神秘的梦。它是真实的,并经得起最敏锐的心理学分析,毕竟谁会否认思考事物的本原需要耗费最大的心力? 这只是一个与柏格森下面表述相反的看法:"意识越被理智化,物质越是占据空间。"——柏格森:《创造进化论》,第 199 页。从数学公式角度解释我们的看法,就是物质越被化约,我们的意识越是强化。

③ 参见爱默生:"论历史"(Essay on History)。

④ 柏格森:《精神能量》(*L'Energie Spirituelle*),第 7 版,巴黎,第 27 页。

来"和最后的"往何处去"。① 宇宙是一个奥秘,对整体而言
为真的东西,对部分来说也是真的。所谓的各种物自体只
不过是那唯一物自体的不同表现形式,而在那个物自体之
中有着所有经验的可能性,它也构成了一切事物(包括法
律)之中的活生生的原理。思想最内在的统一性依赖于这
一终极实在的假设,没有它,我们的知觉和概念只不过是一
堆无意义的片段,而有了它,这些片段就会马上成为一个活
的整体中的有机部分。② 这一活的整体不只是代表了互为
外在的各种观念的单纯抽象统一体,更是,用爱德华·凯尔
德(Edward Caird)的话来说,"一种有着明显差异的有机统
一体,一种自我分化、自我整合的统一体,就像在纯粹自我
意识中呈现给我们的东西一样"。③ 唯有当我们拥有这般的
自我意识时,我们才能毫不自相矛盾地说,法律同时既是
"一"又是"多",既总是相同的,又永远不是相同的。④ 认识
你自己,你就会认识法律。⑤

----

① 这种观照法律的方式能真正被称之为"侧重恒久性的视角",而施塔姆
勒式的法律哲学是"侧重内在统一性的视角"。

② 当然,物自体是一个假设。然而,请看柏格森在《精神能量》(第28—29
页)一书中启发灵感的话。

③ 凯尔德:"形而上学",载《文学与哲学随笔》(*Essays on Literature and
Philosophy*),第2卷,第429页。同时请看麦尔茨(Merz)的"关于凯尔德的评论"
(Comment upon Caird)——麦尔茨:《十九世纪的欧洲思想》(*European Thought in
the Nineteenth Century*),第3卷,第429页,注释1。

④ 我们能用赫拉克利特(Heraclitus)的话说,"一个人不能两次踏进同一条
河流",同时随所罗门(Solomon)一道宣称,"天底下没有新鲜事"。

⑤ 当我向施塔姆勒读了这篇论文之后,他幽默地告诉我:"我发现你的论
文就如法律本身一样美!偶尔依从灵魂而写作甚好。"

译后记

　　鲁道夫·施塔姆勒(Rudolf Stammler, 1856—1938),德国著名法学家,20 世纪自然法复兴运动(亦称"法律观念论")的主要源头,新康德主义法学派(马堡分支)宗师,可归入该派阵营的包括:拉斯克(Emil Lask, 1875—1915)、康特洛维茨(Hermann U. Kantorowicz, 1877—1940)、韦基奥(Giorgio del Vecchio, 1878—1970)、拉德布鲁赫(Gustav Radbruch, 1878—1949)、凯尔森(Hans Kelsen, 1881—1973)、费尔德罗斯(Alfred Verdross, 1890—1980)、肯普斯基(Jürgen von Kempski, 1910—1998)等。施塔姆勒的教学生涯起步于莱比锡大学(1880),后来他相继转战马堡大学

（1882）、吉森大学（1884）、哈雷大学（1885），在新黑格尔主义法学家约瑟夫·柯勒（Joseph Kohler, 1849—1919）逝世后，其最终应召执教于柏林大学（1919）。施塔姆勒著作等身，其作品既有偏重实务方面的，也有偏重哲理层面的。偏重实务的例如《学说汇纂实务训练入门》（*Praktische Pandektenübungen für Anfänger*, 1893）、《法学阶梯实务训练入门》（*Praktische Institutionenübungen für Anfänger*, 1896；再版时更名为《罗马法课题》）、《债法总论》（*Das Recht der Schuldverhältnisse in seinen allgemeinen Lehren*, 1897）、《民法训练入门》（*Übungen im bürgerlichen Recht für Anfänger*, 1898—1903）、《民法实务进阶》（*Praktikum des bürgerlichen Rechts für Vorgerücktere*, 1898）。偏重哲理的例如《论历史法学的方法》（*Über die Methode der geschichtlichen Rechtstheorie*, 1888）、《从唯物史观论经济和法》（*Wirtschaft und Recht nach der materialistischen Geschichtsauffassung*, 1896/1906）①、《正

---

① 马克斯·韦伯对这部著作进行了批判的讨论，参见：Max Weber, "R. Stammler's 'Surmounting' of the Materialist Conception of History", trans. Martin Albrow, in *British Journal of Law and Society*, Vol. 2, 1975, pp. 129—152, Vol. 3, 1976, pp. 17—43；〔德〕韦伯：《批判施塔姆勒》，李荣山译，上海人民出版社2011年版。

义法的理论》(*Die Lehre von dem richtigen Rechte*, 1902)①、
《体系性的法律科学》(*Systematische Rechtswissenschaft*,
1906)②、《法学理论》(*Theorie der Rechtswissenschaft*, 1911)、
《现代的法理论与国家理论》(*Rechts und Staatstheorien der
Neuzeit*, 1917)、《法与教会》(*Recht und Kirche*, 1919)、《法
哲学教科书》(*Lehrbuch der Rechtsphilosophie*, 1922)以及这里
所译出的《现代法学之根本趋势》(*Grundsätzliche Richtungen
in der neueren Jurisprudenz*, 1923)。本书英译者这样解释了
施塔姆勒的中年学术转向:

> 或许令美国的法学教师感兴趣的是,施塔姆勒的
> 早期成果主要是法律实务方面的。他那些为法科学子

---

① 这部著作的英译本标题是《正义论》(*The Theory of Justice*),英译者胡斯
克(Isaac Husik)采取了易遭人诟病的意译形式。有趣的是,就在该书英译本的
附录部分,胡斯克却将书名直译为"*The Theory of Just Law*",并在注释中专门指出
自己以"Justice"取代了"Just Law",但没有交代这样做的原因。参见 Rudolf
Stammler, *The Theory of Justice*, trans. Husik, The Macmillan Company, 1925,
p. 502. 武汉理工大学的夏彦才先生已根据胡斯克的本子出版了该书的中译本,
参见〔德〕施塔姆勒:《正义法的理论》,夏彦才译,商务印书馆 2012 年版。

② 这是一部合作文集,系保罗·辛嫩贝格(Paul Hinnenberg)所出版的《当
代文化及其发展和目标》(*Die Kultur der Gegenwart, ihre Entwickelung und ihre
Ziele*)丛书中的一种,由施塔姆勒牵头撰写了两篇文章,即"法和法律科学的本
质"(Wesen des Rechtes und der Rechtswissenschaft)与"法和法律科学的未来课
题"(Die Zukunftsaufgaben des Rechtes und der Rechtswissenschaft)。合著者包括鼎
鼎大名的民法学家索姆(R. Sohm)、国家法学家拉班德(P. Laband)、刑法学家李
斯特(F. von Liszt),等等。

使用之便而撰写的决疑论问题方面的著作,都属于这段时期所创作的。这些著作在大陆法系相当于我们的判例研究著作。他在其中通盘讨论了罗马法和现代民法。不过,到了19世纪末,随着历史[法学]运动完成了自己的使命,并以伟大的《德国民法典》作为自己的成果结晶,施塔姆勒遂转而关注当时挥之不去的法律问题,致力于追问"何谓行动中的正义"。历史法学派沉浸于法律的既往面貌,忽视了关于法律本性的形而上学问题;19世纪的哲理法学派则迷失在耶林所不依不饶抨击的形而上学奇想中。可是耶林没能提供继续前进的适当哲学基础,而施塔姆勒在此找到了自己[努力]的契机。他回到康德那里去寻求一种正义理想,并在这方面引领了上世纪末的观念论复兴。他是新康德主义学派的奠基人,通常被奉为当今欧陆首屈一指的法学家。但他是个有着实用取向的观念论者。他并不醉心于"何谓正义"这样的哲学问题,而是致力于"如何通过法律实现正义"这一实际问题。要达成正义的理想,就得观察法治运作,而法治运作又取决于特定时空下的社会理想。就此而言,这位欧陆法学家的法哲学倒是与我们美国最高法院的法哲学——尤其体现在大

　　法官霍姆斯先生的司法意见里——英雄所见略同。[①]

　　《现代法学之根本趋势》是施塔姆勒晚年的法哲学代表作之一，其英译本以三期连载的形式刊登于《密歇根法律评论》1923 年第 21 卷。本书第一至十章的英译者是约瑟夫·H. 德拉克（Joseph H. Drake）和伯克·沙特尔（Burke Shartel），第十一章为回应吴经熊而创作，后由吴经熊同施塔姆勒本人商量着译出。我曾多方求访，仍然找不到该书的德文版，甚为遗憾，希望日后有机会根据德文版修订某些不确切之处。本书标题若译为"近代法学的主要思潮"或许更好理解，但为了接续民国学统以及照应书中的某些表述，我斟酌之后决定沿用民国译名。

　　我第一次阅读施塔姆勒的著作是在 2005 年，所读的正是本书的民国译本，原书于 1937 年由商务印书馆出版，作者译名是"司丹木拉"，译者是张季忻先生。后由陈灵海先生勘校，收入"中国近代法学译丛"，由中国政法大学出版社于 2003 年出版。根据 2005 年底写给邓正来先生的书信判断，我最开始阅读这部著作，恐怕并不是奔着施塔姆勒的大名

---

　　① Rudolf Stammler, "Fundamental Tendencies in Modern Jurisprudence", in *Michigan Law Review*, Vol. 21, No. 6, 1923, pp. 624—625.

去的,因为我一度并不知道司丹木拉就是施塔姆勒(大概也并不清楚施塔姆勒究竟何许人也),只是把它当作西方法律思想史领域的普通读物。后来我"受命"研究美国大法官霍姆斯的法律思想,以此为契机得知中国近代法哲学家吴经熊与霍姆斯过从甚密,转而去读吴经熊的《法律哲学研究》(清华大学出版社 2005 年版),于是通过该书收录的"斯丹木拉之法律哲学及其批评者"一文,进一步了解了吴经熊的恩师施塔姆勒。到了 2010 年,已有一定英文资料阅读经验且对新康德主义法学(主要是凯尔森)略知一二的我,鼓起勇气通读了《现代法学之根本趋势》的英文版(这也是民国版的翻译底本),并不时核查民国译本的翻译质量。张季忻的译本语言沉着老道,但很多译法毕竟不为当代读者所熟悉,翻译硬伤也在所难免。我遂有重译此书的打算,并告知同样关注新康德主义法学的吴彦师兄。后来适逢吴彦师兄主持商务印书馆的"自然法名著译丛"项目,将我重译《现代法学之根本趋势》的计划列入首辑,并经他多番勉励与督促,方有读者面前的这本小书。他还在闲暇时间将我的译稿通校一遍,提出了一些宝贵的修改意见,使本书增色不少。申报选题是在 2013 年 6 月,很快就得到了商务印书馆的批准,但我随后全力以赴投入博士论文的写作,翻译工作一概中止,结果本书的翻译承诺一直拖到 2015 年 2 月才开始兑现,心中念及此事,每每负有愧意。

　　本书的翻译方式,旨在最大限度传达我本人的阅读体验、对理论重点的洞察以及对母语的把握和调用。有人说,翻译活动最大的受益者是译者,我赞同这个判断。本书的翻译,对于我编写相关课程的讲义,对于我把握西方法律思想史的基本脉络和问题意识,都是巨大的鞭策和鼓舞。美中不足的是,本书因其特定的思想使命和时代限定,仅仅讨论了从罗马法继受到20世纪20年代的法观念变迁过程,既没有从西方思想的古代源头着手,当然更没有触及20世纪30年代之后多姿多彩的法理争鸣,不能不说留下诸多遗憾。但无论如何,本书的重译将有助于充实国内学界对施塔姆勒法哲学的体认,避免断章取义地理解他那两条为人熟知的特色命题,即"法的概念"与"法的理念"的区分,以及"内容变化的自然法"(有时也称为"内容可变的自然法")。①

　　值得一提的是,本书采取了观念史的书写方式,不仅学

----

　　①　同属新康德主义法学阵营的凯尔森曾在1933年自信地写道:"正是因为'纯粹法理论'第一次尝试将康德哲学发展为实定法的理论(而且没有像施塔姆勒那样陷入自然法理论的泥沼),它在某种意义上标志着超越康德的一步,因为康德本人的法律理论拒绝先验方法。"参见:Hans Kelsen, "The Pure Theory of Law, 'Labandism', and Neo-Kantianism. A Letter to Renato Treves", in Stanley L. Paulson and Bonnie Litschewski Paulson (eds.), *Normativity and Norms: Critical Perspectives on Kelsenian Themes*, Clarendon Press, 1998, p. 172。对施塔姆勒的这类判定也为同时代的其他人所分享。然而,施塔姆勒到底在什么意义上可以算作自然法学家,实属一言难尽的问题,我们必须认真审视他对待实定法的态度、对待道德感和道德理论的态度、对待近代自然法传统的态度以及他那套"正当法的理论"的建构方法。

说表述更成熟凝练，而且使得施塔姆勒法哲学的问题意识和学术旨趣水到渠成，这与他的体系性论著形成鲜明的差别。这种体系与历史的著述关系，在某种意义上类似于黑格尔的《小逻辑》和《哲学史讲演录》。施塔姆勒的兴趣并不在观念史，毋宁说他所看重的只是传授法哲学思考的法门，亦即问题和方法。在他那里，历史构成了某种引导和软化的手段，使得自己的法哲学体系不至于带给人横空出世的唐突感。这种写法当然难免有以偏概全的嫌疑，于是，那些不符合逻辑的东西往往也就成为不在场的、被遮蔽的东西。这是哲人的观念史，不是史家的观念史。这样的观念史是否可取、在什么意义上可取，直接涉及观念史本身的元问题，学术界对此并未达成共识，我在此也不便参与这场理论交锋。我倾向于接受本书所呈现的这种观念史进路，倾向于将其视为思维的自我规训术和"助产术"。

　　最后，感谢孙伟先生、李冬松先生以及中国政法大学出版社丁春晖编辑，是他们允许我使用《吴经熊法学文选》一书中的"霍姆斯法官的法律哲学"一文的译文，并允许我进行必要的润色和改动。感谢本书责任编辑吴婧女士所付出的大量心血。

姚　远
2015 年仲夏于南京师范大学仙林校区

图书在版编目(CIP)数据

现代法学之根本趋势/(德)施塔姆勒著;姚远译.
—北京:商务印书馆,2016
(自然法名著译丛)
ISBN 978 - 7 - 100 - 12131 - 6

Ⅰ.①现… Ⅱ.①施…②姚… Ⅲ.①法学 -
研究 Ⅳ.①D90

中国版本图书馆 CIP 数据核字(2016)第 061774 号

自然法名著译丛
现代法学之根本趋势
〔德〕施塔姆勒 著
姚远 译

商 务 印 书 馆 出 版
(北京王府井大街36号 邮政编码100710)
商 务 印 书 馆 发 行
北 京 冠 中 印 刷 厂 印 刷
ISBN 978 - 7 - 100 - 12131 - 6

2016 年 9 月第 1 版 开本 880 × 1230 1/32
2016 年 9 月北京第 1 次印刷 印张 5¾
定价:20.00 元